Sieben verlockende Tagestouren
durch den
Schwarzwald

Jürgen Thurner und Christian Leber

Impressum

© 2002

ENDUROLAND
Mittlerer Weg 5
97440 Werneck

Produziert für

Herausgegeben von Enduroland adventure tours

Konzeption
Joachim Kuch
Christian Leber
Jürgen Thurner

Layout
Jürgen Thurner
Christian Leber

Einbandgestaltung
Motorbuchverlag Stuttgart

Fotos & Reportagen
Jürgen Thurner

Info-Teile
Christian Leber

Karten
Christian Leber / Mairs Geographischer Verlag

Druck
Röhm Druck, Sindelfingen

Gesamtherstellung
Enduroland adventure tours

1. Auflage 2002

Printed in Germany 2002

ISBN 3-613-02122-6

Inhalt

4	Editorial	
6	Kurz & Bündig	
8	Schwarzwald für Anfänger	Von Stuttgart nach Calw - Der sanfte Einstieg
20	Nobel geht die Welt zugrunde	Von Calw nach Baden-Baden und Freudenstadt
32	Von Nord nach Süd	Der Übergang in den Südschwarzwald
44	Schwarzwaldklinik & Co.	Hexenloch & Höllental - Von Furtwangen über Freiburg zum Schluchsee
56	Kurven satt	Schauinsland und andere Adrenalinquellen
68	Wo der Schwarzwald Schwytzerdütsch spricht	Von Badenweiler nach Rothaus
80	Die »Badische Bierstraße«	Von Rothaus nach Fürstenberg
92	Register	

Editorial

Wieder Unterwegs

"Endlich wieder unterwegs", das war unser gemeinsamer Gedanke, als wir an jenem strahlenden Septembermorgen nach all den Wochen der Planung und Vorbereitung in Stuttgart starteten, um den nahen Schwarzwald zu entdecken.

Neuland für den einen, ein Heimspiel für den anderen. Damit stand dem Erfolg der Tour aufgrund der Erfahrung einerseits und dem ungetrübten Blick andererseits nun nichts mehr im Wege. Und darüber hinaus darf der Schwarzwald trotz aller Klischees wohl zu Recht als das schönste deutsche Mittelgebirge bezeichnet werden.

Denn wer kennt sie nicht, die Bollen-behüteten Mädels, die geistreichen Kirschtorten, die gleichnahmigen Forellen oder die klappernden Mühlen am rauschenden Bach. Mit diesem Buch möchten wir Ihnen die Chance geben, sich ein neues Bild vom alten Schwarzwald zu machen.

Ein neues Bild von einer Gegend, die mit ihren unzähligen kurvenreichen Sträßchen, ihren versteckten Waldwinkeln und ihrer herzlichen Gastronomie motorradfahrerisch geradezu ein Leckerbissen ist. Im Dreieck zwischen Stuttgart, Karlsruhe und Basel mäandern wir uns in sieben Tagestouren von Nord nach Süd, keines der kleinen kurvigen Sträßchen auslassend und nicht ohne genussvolle Abstecher in die Zentren Baden-Baden und Freiburg.

Wie in allen *Fun-Tours* Bänden finden Sie auch in diesem Buch neben kurzweiligen Reiseberichten, ausführlichen Informationsteilen und guten Fotos, die praktischen Einsteck-Karten im Tankrucksackformat.

Doch neben allem praktischen Gebrauchswert liegt uns vor allem eins am Herzen: "Spass haben". In diesem Sinne wünschen wir viel Spass bei Ihren persönlichen "*Fun-Tours*".

Jürgen Thurner und Christian Leber

Weil der Stadt und Werneck im Frühjahr 2002

Von Bikern für Biker
Der etwas andere Motorradreiseführer

Fast immer, wenn wir in Motorradreiseführern schmökern, bekommen wir Lust sofort alles stehen und liegen zu lassen, um gleich durchzustarten. Doch meistens fehlt uns die entsprechende Detailkarte und die entsprechenden Infos für die Tour. Also haben wir aus der Not eine Tugend gemacht und in unserer neuen Reihe *Fun-Tours* die Generalkarten mit den Tipps gleich tankrucksackgerecht mitgeliefert. Im Infoteil gibt es dann noch die Möglichkeit, die Touren mit eigenen Notizen zu ergänzen und somit einen persönlichen Guide zu erstellen.

Einige Infos vorweg für diesen Reiseführer:

Alle Angaben dieses Reiseführers wurden von uns gründlich recherchiert und geprüft. Für die Richtigkeit der einzelnen Angaben wie z.B. Informationen zu den Hotels und Befahrbarkeit der Pisten und Straßen können wir jedoch keinerlei Haftung übernehmen. Wenn sich etwas geändert hat, oder falls Sie neue, motorradfreundliche Hotels, Gasthöfe und Campingplätze entdeckt haben, dann schreiben Sie uns bitte unter:

ENDUROLAND adventure tours
Mittlerer Weg 5
97440 Werneck
email@enduroland.de

Folgende Piktogramme finden in den Karten und Info-Teilen Verwendung:

 Kulinarisches   Anschauen

 Adressen   Fun

 Biker Werkstatt   Plattfuß - Was nun ?

 Sportler (bester Straßenbelag - Knieschleifer nicht vergessen)

Tourer (guter Straßenbelag - aber nichts für Highspeed)

Endurer (grober Straßenbelag - Schotter & Schlaglöcher möglich)

 Übernachten * bis 20 Euro
** bis 30 Euro
*** bis 40 Euro
**** bis 50 Euro

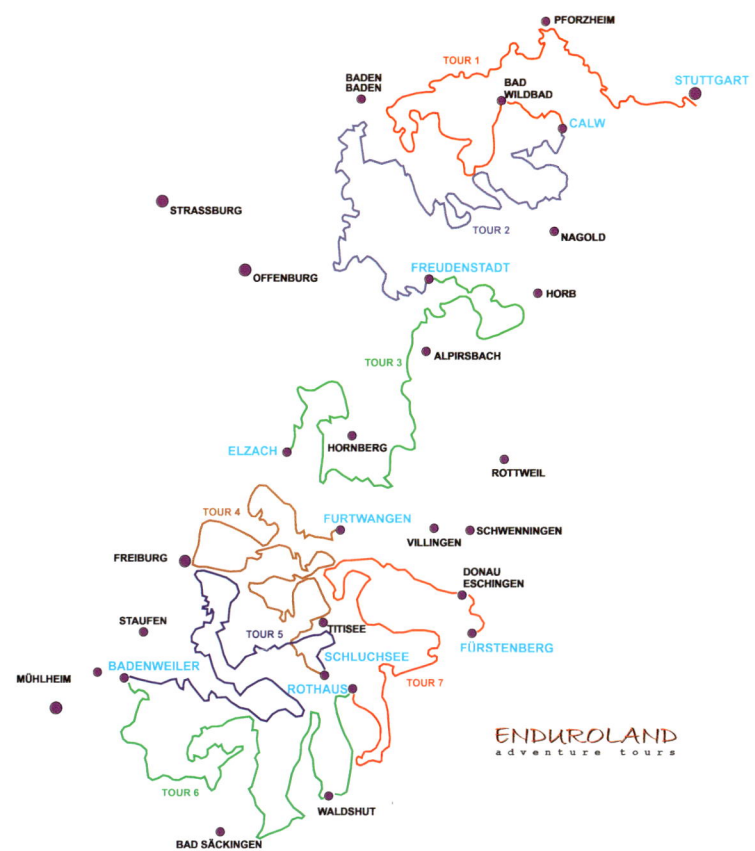

Die Touren sind so gestaffelt, dass sie bei normaler Reisegeschwindigkeit an einem Tag befahren werden können. Wer zügiger unterwegs sein möchte kommt auch auf seine Kosten, da sich die Touren aneinander reihen lassen.

Wir bedanken uns für die hervorragende Unterstützung bei unseren Touren:

Herrn Görges	Schuberth Helme
Herrn Carl	BMW AG München
Herrn Kugler	BMW AG München
Frau Reuter	Hein Gericke GmbH
Herrn Dr. Mair	Mairs Geographischen Verlag
Herrn Bernd Menzel	Motorpower Schweinfurt
Herrn Konstantin Demisof	Piktogramme

Und natürlich nicht zu vergessen ...

Herrn Kuch	Motorbuchverlag Stuttgart

Schwarzwald für Anfänger

**Von Stuttgart nach Calw –
Der sanfte Einstieg**

Von Stuttgart nach Calw

Schwarzwald für Anfänger

Stuttgart liegt nicht im Schwarzwald ....

Zugegeben, Stuttgart liegt nicht im Schwarzwald. Noch nicht mal direkt vor seinen Toren. Doch die Schwaben-schen Biker. Hier stehen sie zu Hunderten und reden Benzin, während die gewagtesten Schräglagen in der nahen Haarnadelkurve beklatscht werden. Diese sonntäglichen Hap-

Benzingespräche - Sonntagmorgen am Glemseck

metropole bildet einen hervorragenden Ausgangspunkt für die ersten Erkundungstouren in den Nordschwarzwald. Vor allem, wenn der Start der Tour auf einen Sonntag fällt. So wie an diesem Tag, als wir in aller Gemütlichkeit und bei strahlendem Sonnenschein den Stuttgarter Talkessel verlassen, um über die ehemalige Solitude-Rennstrecke ans Glemseck zu gelangen. Dies ist nämlich das sonntägliche Epizentrum aller schwäbi-penings entstammen einer Zeit, als auf "Der Solitude" im grossen Stil Rennen gefahren wurden. Auf zwei und auch auf vier Rädern. Jungs wie Jack Brabham, Jim Clark und Hans Herrmann drehten hier ihre Runden, bevor die Strecke 1965 aus Sicherheitsgründen zugunsten des Hockenheimer Motodroms für den Rennsport geschlossen wurde. Doch sie bleibt ein Magnet für alle Motorsportbegeisterten, wie man

Von Stuttgart nach Calw

auch an diesem Sonntag deutlich sehen kann.

Wo im Mittelalter Hexen verbrannt wurden

Irgendwann haben wir dann von diesem Spektakel genug, denn es wartet ja noch ziemlich viel Schwarzwald mit ziemlich viel Kurven auf uns. Es ist ein reiner Genuss, an diesem klaren Morgen durch den schattig-kühlen Wald zu fahren, dessen Laubbäume schon erste Anzeichen herbstlicher Verfärbung zeigen. Als wir das mittelalterliche Städtchen Weil der Stadt erreichen, steht die Sonne auf ihrem höchsten Punkt und der Marktplatz mit dem Keppler-Denkmal liegt verlassen in der Selben. Nur ein einsamer Biker aus München mit Ducati und Getriebeschaden sitzt am Brunnenrand und verzehrt seine mitgebrachte Brotzeit. Er kommt grade aus eben dem Schwarzwald, an dessen nördlichstem Rand wir uns nun befinden. Wir unterhalten uns über seine Tour, seinen Getriebeschaden und jenen Johannes Keppler, Astronom und Mathematiker, Universalgenie und Sohn dieses Fleckens, dessen Mutter im benachbarten Leonberg als Hexe verbrannt wurde. Darüber sinniere ich noch, als wir dem gewundenen Lauf der Würm talwärts folgen, immer in Richtung Pforzheim. Langsam und fast unmerklich verändert sich die Landschaft. Aus dem lieblichen Wiesental wird ein zunehmend dichter und dunkler Wald. Bei der Kupferhammerbrücke, vor den Toren Pforzheims, dort wo sich Würm und Nagold vereinen, haben wir ihn dann definitiv erreicht, den Schwarzwald. Ein lauschiger

Früh übt sich
Vater & Sohn Team
am Glemseck

Tour 1

Quick Check

Start   : Stuttgart
Ende   : Calw

Länge   : ca. 250 km
Dauer   : ca. 6 h

Profil :

Enduro : 20%

Tourer : 40%

Sportler : 40%

Schwarzwald für Anfänger

Biergarten unter grossen alten Bäumen lockt verführerisch mit dem Duft von Bratwürsten und gegrilltem Fleisch, doch Christian vor mir scheint dies nicht zu bemerken. Zielstrebig biegt er auf die Strasse Richtung Nagold ein, um dann schnell hinter der nächsten Kurve zu entschwinden. Erst an der Abzweigung nach Dobel treffe ich ihn wieder. Dort hinauf geht`s dann richtig schnell und kurvig. Auf erstklassigem Belag und bei mäßigem Verkehr ist das eine echte Spaßmacher-Strecke. Oben, im Höhenluftkurort Dobel geht´s hingegen eher gesittet zu, denn hier macht man Urlaub, genießt die Ruhe, erholt sich in der guten Luft oder läßt sich in einem der örtlichen Gourmet-Tempel kulinarisch verwöhnen, wie weiland der beleible All-Bundeskanzler. An dieser Stelle sei zu bemerken, daß sowohl Dobel wie auch das nachfolgende Kurstädtchen Bad Herrenalb ein Nachtfahrverbot für Biker ausgelobt haben, das jeden, der den Ort nicht vor 22 Uhr verläßt, definitiv zum Bleiben zwingt. Was in Anbetracht des Publikums nun keine so ganz verlockende Aussicht ist.

Universalgenie—
Keppler-Denkmal in
Weil der Stadt

Perfekte Rast: Schloss Eberstein

Doch diese Gefahr droht uns an diesem frühen Sonntagnachmittag noch nicht. Es ist eher so, dass diese Strecke bei Bikern an Sommersonntagen so beliebt ist, dass man auf die eigenen Kollegen weit mehr Obacht geben muss, als auf alles andere. Dennoch erreichen wir nach einer ganzen Menge toller Kurven unbeschadet das Städtchen Gernsbach. Von dort geht's auf einem kleinen, engen Sträßchen durch dichten Wald hinauf auf Schloß Eberstein, auf dessen Terasse wir den grandiosen Ausblick auf's Murgtal ebenso wie den nicht weniger grandiosen Wurstsalat geniessen. Dies ist wirklich ein wunderschöner Platz für eine ausgiebige Rast am Ende einer schönen Tour.

Tour 1

Special Info

EN-Tourer
Von Loffenau zur Teufelsmühle und von der Roten Lache zum Scherrhof

FUN-Tourer
Von Tiefenbronn nach Pforzheim und von Baden-Baden nach Forbach

SPORT-Tourer
Von Dobel nach Gernsbach und von Wildbad nach Calw

Kurz vor Pforzheim — wo der Schwarzwald antängt

Der Höhepunkt: Die Rote Lache

Doch bevor diese erste Annäherung an den Schwarzwald ihr Ende nimmt, steht uns der absolute Höhepunkt erst noch bevor: die Rote Lache. Keine Ahnung woher der Name kommt, aber die Strecke ist eine kleine Sensation. Kurve an Kurve geht´s zunächst hinunter, bis vor die Tore Baden-Badens, von Mühlbach dann wieder hinauf zur roten Lache und von dort ebenso kurvig wieder runter ins Murgtal. Diese Strecke braucht sich wahrlich vor keiner Alpenstraße zu verstecken. Und auch nicht die, die uns vom warmen Murgtal wieder hinauf, auf fast tausend Höhenmeter nach Kaltenbronn bringt. Der Ort hat seinen Namen verdient. Schattig ist es hier oben, wo im Winter ein kleiner Skihang für ein kurzes Wintersportvergnügen sorgt. In Sprollenhaus bauen wir noch einen gemütlichen kleinen Schlenker über kaum befahrene

Nebenstraßen und durch dunklen Fichtenwald ein, bevor wir mit dem Städtchen Bad Wildbad den wohl mondänsten Kurort des Nordschwarzwalds nach Baden-Baden erreichen. Auch hier gilt ein Nachtfahrverbot für Biker. Gemütlich und eher unspektakulär verläuft das letzte Stück der Tour, das uns über den Berg zurück ins Nagoldtal und an unseren Endpunkt Calw bringt. Hier wurde Hermann Hesse geboren und hier hat er einen Teil seiner Jugend verbracht. Bevor jedoch die Tour zu Ende geht, liegt an unserem Weg noch die Ruine des Benediktinerklosters St. Peter und Paul in Hirsau, das vor fast tausend Jahren bereits grossen religiösen und politischen Einfluss auf den gesamten südwestdeutschen Raum bis in die Schweiz hinein hatte (siehe Kasten). Es ist der kleine Spritzer Kultur und Geschichte, der diese erste Tour an diesem milden Spätsommerabend abrundet. Die etwas mehr als zweihundert Kilometer, die an diesem ersten Tag hinter uns liegen, waren für eine erste Annäherung an diesen Schwarzwald schon eine ziemlich runde Sache. Und dementsprechend gespannt sind wir, wie es weitergeht.

Kloster Hirsau

Die einstmals so prächtige Klosteranlage Hirsau, deren Geschichte bis in das 8. Jahrhundert zurückreicht, ist sogar als Ruine noch ungemein beeindruckend. Bedeutung gewann das Kloster erstmals im Jahre 1069 unter Abt Wilhelm und seiner Klosterreform nach dem Vorbild der Cluniazenser, die eine Stärkung der klösterlichen Spiritualität und vor allen Dingen eine Befreiung von weltlicher Bevormundung anstrebte. Wilhelm trotzte dem Calwer Grafen die Finanzierung eines großzügigen Neubaus ab. Weiterhin sorgte er durch etliche Filialgründungen im ganzen Reich für die Anhebung des benediktinischen und somit auch des gesamten kirchlichen Einflusses auf die deutsche Politik. Aus dem roten Sandstein des Nagoldtales wurde 1091 begonnen eine turmlose romanische Basilika zu errichten. Westlich davon entstand eine Doppelturmfassade, deren Figurenfries bis heute Rätsel aufgibt.

Kloster Maulbronn

Fast jede mittelalterliche Klosteranlage war eine in sich abgeschlossene kleine Welt. Das 1993 von der UNESCO zum Weltkulturerbe ernannte Kloster Maulbronn ist in seiner Größe nahezu vollständig erhalten und kann somit einen unverfälschten Eindruck auf das klösterliche Leben im Mittelalter vermitteln. Obwohl die Anlage mit ihren 30 Einzelgebäuden als geschlossene Einheit wirkt, ist sie doch erst im Laufe von Jahrhunderten entstanden. Besonders erwähnenswert und beeindruckend ist der Kreuzgang mit dem Dreischalenbrunnen.

Info

 Übernachten   Anschauen   Anschauen

*** MÖNCHS POSTHOTEL
Dobler Straße 2
76 332 Bad Herrenalb
Tel.:   0 70 83 / 744-0
Fax: 0 70 83 / 744-122
Sehr schönes historisches Gebäude, das bereits 1525 müden Wanderern eine Herberge bot.

**** ENZTALHOTEL
Jutta und Wolfgang Frey
Freudenstädter Straße 67
75 337 Enzklösterle
Tel.:   0 70 85 / 180
Fax: 0 70 85 / 16 42
Sehr freundliches Hotel mit einer urgemütlich eingerichteten Gaststube. Die Speisekarte läßt keine Wünsche eines hungrigen und durstigen Bikers offen.

**** HOTEL KLOSTER HIRSAU
Wildbader Straße 2
75 365 Calw
Tel.:   0 70 51 / 96 74 0
Fax: 0 70 51 / 96 74 69
Das Hotel liegt direkt am Kloster St. Peter u. Paul und blickt auf eine lange Tradition zurück. Bereits 1450 gab es hier für müde Wanderer eine urige Klosterherberge.

NEUENBÜRG
Kaum zu glauben, dass in diesem verträumten Ort mit seinem Schloss und den romantischen Gassen einmal unter unmenschlichsten Bedingungen Menschen schuften mußten. Wer keine Tiefenangst hat, kann sich tief unter der Erde auf 3 Sohlen und auf einer Länge von 800 Meter einen Einblick verschaffen.

MARXZELL
Im Ortsteil Pfaffenrot sollte man sich das dem Autoerfinder Carl Friedrich Benz gewidmete Fahrzeugmuseum nicht entgehen lassen. Nicht nur alte Autos, sondern auch Traktoren, Straßenbahnen und Lokomotiven können bestaunt werden.
Geöffnet: Mo-So 14-17 Uhr

SCHLOSS EBERSTEIN
Auf einem Felsvorsprung in der Nähe von Gernsbach thront die alte Burgruine mit grandiosem Blick über den Schwarzwald und das Rheintal. Hervorragend geeignet für eine wohlverdiente Ruhepause. Lohnend ist auch die nahegelegene Wolfsschlucht.

FORBACH
Wunderschöne kleine Ortschaft mit einer sehenswerten Holzbrücke von 1778 über die Murg.

HIRSAU
Selbst beim Anblick der Ruine kann man sich die einstmals prächtige Klosteranlage gut vorstellen. Das Benediktinerkloster zählt zu den bedeutendsten Abteien Mitteleuropas. Bereits 830 entstanden die ersten Gebäude.

Schwarzwald für Anfänger

Info

 Anschauen   Kulinarisches   Kulinarisches

CALW
Hier steht das Geburtshaus der *Gerbersau*, wohl besser bekannt unter dem Namen Hermann Hesse. Das gleichnamige Museum am Marktplatz verdeutlicht eindrucksvoll die Lebens-

TIEFENBRONN
Als Einstieg in die badisch-schwäbische Küchenwelt empfehlen sich die *Bauernstuben* mit ausgezeichneten Wildspezialitäten zu erschwinglichen Preisen.

PFORZHEIM
Die *Silberburg* ist ein Gasthaus mit hervorragender französischer Küche. Da es außerdem über eine sehr gut sortierte Weinkarte verfügt, sollte man möglichst vor einem Besuch ein

geschichte und das Lebenswerk des großen deutschen Dichters und Literaturnobelpreisträgers.

Geöffnet:
Di.-So. 11-17 Uhr.

Jürgen Ludewig
Louis-Pfeffinger-Platz
75 233 Tiefenbronn
Tel.: 0 72 34 / 85 35
Geöffnet 17 bis 23 Uhr,
Sonntagmittag und Dienstag geschlossen.

Nachtquartier gefunden haben.
Gilbert Noesser
Dietlingerstraße 27
75 179 Pforzheim
Tel.: 0 72 31 / 44 11 59
12 bis 14 und 18 bis 21.30 Uhr. Montag ist Ruhetag.

Schwarzwald für Anfänger

Info

 Fun   Gut zu wissen   Werkstatt

LEONBERG-GLEMSECK
Wenn irgendwie möglich, sollte man auf keinen Fall das Spektakel des sonntäglichen Bikertreffens an der alten Solitude-Rennstrecke verpassen. Der nahegelegene Biergarten ist ebenfalls lohnend.

SCHÖMBERG
Wird der Tag auf dem Bike zu heiß, garantiert ein Besuch im Höhenwellenbad mit Riesenwasserrutsche perfekte Abkühlung.
Höhenwellenbad Schömberg
Bergstraße 44
75 328 Schömberg
Tel.: 0 70 84 / 92 46 0

ENZKLÖSTERLE
Im Ortsteil Poppeltal können sich die "Anfänger" auf einer 1500 Meter langen Riesenrutschbahn und die "Fortgeschrittenen" auf der Sommerbobbahn zu Tale stürzen. Für die ganz Mutigen gibt es dann noch den Gleitschirm.
Kurverwaltung Enzklösterle
Friedenstraße 16
75 337 Enzklösterle
Tel.: 0 70 85 / 75 16

ADRESSEN
Touristik Nördlicher Schwarzwald e.V.
Am Waisenhausplatz 26
75 172 Pforzheim
Tel.: 0 72 31 / 1 47 38 0
Fax: 0 72 31 / 1 47 38 20
eMail: touristik@noerdlicher-schwarzwald.de
www.noerdlicher-schwarzwald.de

Verkehrsbüro Wildbad
Postfach 10 03 26
75314 Bad Wildbad
Tel.: 0 70 81 / 1 02 80
Fax: 0 70 81 / 1 02 90
eMail: reise-verkehrsbuero@bad-wildbad.de

Motorradservice
Skora Hartmut
Gottlob-Bauknecht-Str. 30
75 365 Calw
Tel.: 07051 / 70148

Motorradsport Hartmann
Kleinenztalstraße 46
75 323 Bad Wildbad
Tel.: 07081 / 79956

Plattfuß

Motorradfreunde Reichental
Kaltenbronner Straße 56
76 593 Gernsbach
Tel.: 0 72 24 / 65 01 26

Schwarzwald für Anfänger

My Fun Tours

Unbedingt merken:

Alternative Strecken:

Übernachten:

Essen & Trinken:

Schwarzwald für Anfänger

Nobel geht die Welt zugrunde

Von Calw nach Baden-Baden und Freudenstadt

Nobel geht die Welt zugrunde

Montags ohne Touristen

Als wir am frühen Morgen das Städtchen Calw mit seinen alten Fachwerkhäusern verlassen, liegt der Frühnebel noch zäh über dem Nagoldtal. Irgendwo unter dieser grauen Masse dümpelt links von uns gen wegen seiner Burgruine mit dem imposanten Turm von zahlreichen Touristen populiert. Gottseidank ist heute Montag und wir können die Burgruine und die blumenreich geschmückten Häuser in aller Ruhe geniessen. Irgendwo räkelt sich eine

der Fluß in seinem gewundenen Bett. Erst auf der Straße hinauf ins Dorf Zavelstein entsteigen wir dem Nebel und ein sonniger Morgen mit weitem Blick über den Nordschwarzwald tut sich vor uns auf. Zavelstein ist ein friedlicher kleiner Ort mit ein paar hundert Seelen, aber an Sommersonnta- große Katze in der Sonne. Ein perfektes Idyll. Und das bleibt auch auf der weiteren Fahrt so, denn sie führt uns auf kleinsten Sträßchen in weitem Bogen durch eine Gegend, die unter Nordschwarzwäldern als der "Mittlere Wald" bezeichnet wird. Vorbei an kleinen Dörfern mit abgelegenen Höfen

Von Calw nach Baden-Baden und Freudenstadt

und durch lauschige Täler mit einsamen Waldsägemühlen, die dem Klischee vom Schwarzwald nun schon verdächtig nahe kommen, zieht sich unsere Tour. Erst als wir wieder in das Nagoldtal einbiegen wird die Gegend wieder etwas belebter, aber deshalb nicht minder schön.

Rennkamele aus dem Schwarzwald

Rotfelden ist ein kleines verschlafenes Dorf und wäre nicht besonders erwähnenswert, gäbe es da nicht eine Sache, die in ganz Deutschland einzigartig ist: hier werden nämlich Kamele gezüchtet. Rennkamele um genau zu sein. Ein pfiffiger Rotfeldener kam vor Jahren auf diese Idee und wurde in der Rennkamelzucht so erfolgreich, dass Rotfelden mittlerweile sogar bei Arabischen Scheichs ein Qualitätsbegriff ist. Denn die kommen ab und an hierher um sich mit neuen Tieren für ihre Ställe zu versorgen. Als wir selbst vor den offenen Ställen stehen und uns die Exoten anschauen, ist das schon ziemlich befremdlich, denn irgendwie wirken die Wüstenschiffe dann doch etwas fehlplatziert. Nachdem wir die Kamele hinter uns haben, führt uns die Route wiederum in weiten Schleifen durch ein weiteres abgelegenes Gebiet, das man hier etwas spöttisch aber durchaus sinngemäß den "Hinteren Wald" nennt. Immer wieder steigt die Straße durch dichten Fichtenwald auf unbewaldete Höhen an, von denen man einen weiten Ausblick auf den Südschwarzwald und sogar die Schwäbische Alb geniesst. Und immer wieder geht's hinunter in schattige, enge Täler, in denen es

Exotisch - Rennkamele in Rotfelden

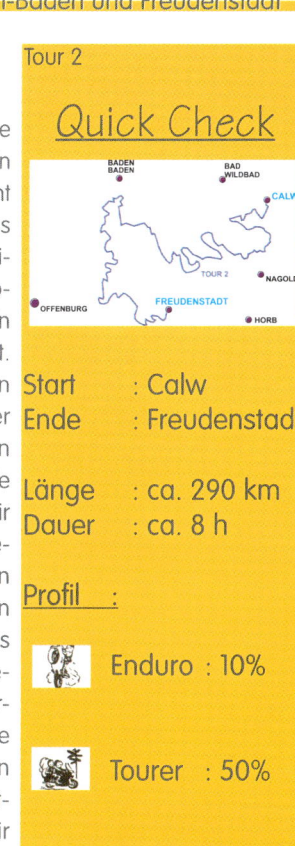

Tour 2

Quick Check

Start : Calw
Ende : Freudenstadt

Länge : ca. 290 km
Dauer : ca. 8 h

Profil :

Enduro : 10%

Tourer : 50%

Sportler : 40%

Nobel geht die Welt zugrunde

nach feuchtem Moos und aromatischen Pilzen riecht. Dies stimuliert natürlich unsere gustiven Sinne und so beschließen wir in Erzgrube, dem Dorf das der Nagoldtalsperre ihren Namen gab, eine Mittagsrast bei Rehbraten und Pfifferlingen einzulegen. Und dort treffen wir dann auf eine Rentner-Gang aus BMW-Enthusiasten, die sich an diesem Montag zur wöchentlichen Ausfahrt getroffen haben. Vier Jungs, der jüngste grade mal 64, der älteste um die achtzig, pflegen diesen Brauch nun schon seit einigen Jahren, wie wir im Gespräch erfahren. Und sie haben den Spaß am Motorradfahren noch nicht verloren. Wie auch ihren Humor. Meine RS1200 mit den angebrachten Koffern, befindet der Youngster unter ihnen, sähe aus "wie ein Formel-1 Renner mit Dachgepäckträger".

When I'm 64 - Rentnergang auf Montagsausfahrt

Genesen & Genießen

Nach so viel Anerkennung satteln wir dann lieber wieder auf, denn Baden-Baden und Freudenstadt stehen noch auf dem Programm. Ersteres ist über die Schwarzenbach-Talsperre und die Schwarzwaldhochstraße schnell erreicht und was mir in Anbetracht der

Von Calw nach Baden-Baden und Freudenstadt

Tour 2

Special Info

EN-Tourer
Von Bad Teinach nach Seitzental und von Hochdorf nach Omersbach

FUN-Tourer
Von Baden-Baden nach Unterstmatt und vom Ruhestein zur Zuflucht

SPORT-Tourer
Von Besenfeld nach Baden-Baden und von der Zuflucht nach Freudenstadt

---

alten Villen in Baden-Baden's Lichtenthaler Allee spontan einfällt, ist: Nobel geht die Welt zugrunde. Aber auch in der Kernstadt stehen schöne alte Stadthäuser, deren Erdgeschosse exklusive Läden und feine Cafès beherbergen. Und Bäder natürlich. Davon hat die Stadt ja schließlich ihren Namen. Seit den Tagen der Römer wird in Baden-Baden bereits gekurt und genesen. Und natürlich auch gespielt. Und heute gilt das Kasino als eines der renommiertesten in ganz Deutschland.

Derartig mit Eindrücken beladen verlassen wir dieses noble Städtchen, um uns nun wieder mehr dem Land und vor allem den Kurven zuzuwenden. Doch wir nehmen nicht den direkten Weg nach Freudenstadt, den über die sportliche aber gefährliche Schwarzwaldhochstraße, sondern biegen kurz hinter Baden-Baden rechts ab, um einen gemütlichen Schlenker durch die badische Weinlandschaft um Bühl herum zu machen. An den sonnigen Hängen der Badischen Weinstraße wachsen nämlich ein paar leckere Tröpfchen, wie zum Beispiel der Gutedel, Rieslings großer Konkurrent. Kurz hinter der bekannten und noblen Bühlerhöhe passieren wir das Weingut das den wohl bekanntesten, wenn auch nicht unbedingt edelsten Wein Badens produziert: den "Alde Gott". Eine Weinprobe ist allerdings für uns nicht drin, denn wir wollen ja schließlich noch heil in Freudenstadt ankommen. Und bis dahin sind's noch einige Kilometer. Und einige Kurven. Nach unserem kleinen Ausflug an die Weinstraße erreichen wir bei Unterstmatt wieder die Schwarzwaldhochstraße mit ihren weiten und schnellen Kurven. Das Paradies für die Knieschleifer-Fraktion. Allerdings kein ganz ungefährliches, denn leicht überschätzt man sich auf dieser Strecke. Was schließlich dazu geführt hat, dass vor einiger Zeit die Strecke fast durchgängig mit Tempolimits versehen wurde. Ein bisschen gemütlicher aber kein bisschen weniger kurvenreich geht's da auf unserem nächsten Schlenker zu. Kurz hinter dem Ruhestein knicken wir nämlich ein weiteres Mal rechts ab, um auf einem

Nobel geht die Welt zugrunde

engen und gewundenen Sträßchen zunächst waldreich hinab nach Oppenau und dann ebenso waldreich wieder hinauf zur Zuflucht zu fahren. mir fahrender Routenplaner vor das Ende dieser Tour gesetzt. Der geht vom Kniebis hinunter nach Bad Rippoldsau und von dort in vielen schnellen Kurven

Schon bei den Römern populär - Therme in Baden-Baden

Dieses Stück ist der Leckerbissen des Tages für die Freunde der engen Kurven. Nahezu alpin. Und noch so einen Schlenker hat mein genialer, vor hinauf nach Freudenstadt. Und auch dieser kurvige Umweg ist ein Leckerbissen für jeden, der es gerne ein bisschen flotter hat. In Freudenstadt

Von Calw nach Baden-Baden und Freudenstadt

angekommen leuchten noch immer unsere Augen von der rhythmischen Schräglagen-Symphonie der letzten Kilometer. Die längste Tagestour dieser

Schwarzwald-"Erfahrung" liegt hinter uns und wir haben noch lange nicht genug gekriegt. Vor allem nicht von den Kurven.

Rund um den Wein

Weinreben, vor über 2000 Jahren von den Römern über die Alpen nach Baden gebracht, bestimmen das Landschaftsbild an den westlichen Hängen des Schwarzwaldes. Die badischen Weinberge liegen im wärmsten Weinbaugebiet Deutschlands und haben dementsprechend reife und gehaltvolle Weine aufzubieten. Zwar gibt es in Baden keine besondere Vorliebe für eine bestimmte Traubensorte, aber der Müller-Thurgau liefert den Hauptbeitrag. Erst dann kommen der Spätburgunder für Rotwein und der Weißherbst. Schenkt man dem **Grossen Johnson** Glauben, so sind die Rieslinge und die Ruhländer (Grauburgunder) die besten badischen Weine. Auf jeden Fall gibt es in der Weinkellern und bei den Weinfesten für jeden Geschmack ausreichend *Probierstoff*

Wieviel Oechsle?

Jedes Jahr, wenn die Weinlese bevorsteht, wird in den *Wingerten* der Most nach einer Methode gemessen, die von Ferdinand Oechsle (1774 bis 1852) erfunden wurde und die eine Aussage über die Qualität des zukünftigen Weines zuläßt. Die Most- oder Weinwaage ermittelt in Oechsle-Graden das spezifische Gewicht des Mostes. D.h. sie zeigt an, um wieviel eine zuckerhaltige Lösung schwerer ist als Wasser. Im Klartext: Jedes Gramm, um das 1 Liter Traubenmost schwerer ist als 1 Liter Wasser, entspricht 1 Oechsle. Die Oechsle-Grade geteilt durch 8 ergeben den potentiellen Alkoholgehalt des Weines. Alles klar? Egal, Hauptsache der Wein schmeckt!

Nobel geht die Welt zugrunde

Info

 Übernachten   Übernachten   Anschauen

****BERLINS KRONE HOTEL
Marktplatz 2
75385 Zavelstein
Tel.:   0 70 53 / 92 94 0
Fax: 0 70 53 / 92 94 30
eMail:
kronelamm@berlins-hotel.de

"König sein in Zavelstein" ist das Motto in diesem wunderschönen Hotel mit Blick auf die Burgruine oder über das Teinachtal. Kaminstube und Festtagsmenü oder zünftiges Rittermahl im Gewölbekeller - für jeden Geschmack ist was dabei.

***** DER KLEINE PRINZ
Lichtentaler Straße 36
76530 Baden Baden
Tel.:   0 72 21 / 34 64
Fax: 0 72 21 / 34 66 059

Sehr romantisches Hotel in einem Neo-Barocken Haus, das über 100 Jahre alt ist. Immer wieder finden sich Motive aus dem Buch von Antoine de Saint-Exupéry.

*** HOTEL GASTHOF BLUME
Rechtmurgstraße 108
72270 Baiersbronn-Obertal
Tel.:   0 74 49 / 80 77
Fax: 0 74 49 / 80 09

Sehr gemütlicher, familiär geführter Landgasthof in ruhiger Lage mit schönem Biergarten. Unterstellmöglichkeit für Motorräder und Trockenraum vorhanden.

***** SPORTHOTEL LAUTERBAD
Amselweg 5
72250 Freudenstadt-Lauterbad
Tel.:   0 74 41 / 860 17 0
Fax: 0 74 41 / 860 17 10
eMail:
info@lauterbad-wellnesshotel.de
www.lauterbad-wellnesshotel.de

Dieses charmante Ferienhotel bietet alles, was das Herz begehrt. Für den müden Biker gibt es Erholung und Entspannung satt: Römisches Schwitzbad, Orientalisches Dampfbad, Finnische Sauna, um nur einige der Möglich-keiten zu nennen. Nach ausreichendem Relaxen geht es dann ins Gourmet Restaurant um sich für den nächsten Tag zu stärken.

ALTENSTEIG - SCHLOSS BERNECK
Auf einem Bergrücken über Altensteig steht das Obere Schloss mit einer gigantischen, fast 30 Meter hohen Schildmauer und einem Wehrgang aus dem 12. Jahrhundert.

CASINO BADEN-BADEN
Insider bezeichnen die älteste Spielbank Deutschlands (1838 vom französischen Architekten Bünazet im Stile französischer Königsschlösser ausgestattet) als das schönste Spielcasino der Welt. Wer sicher gehen will, der Spielsucht nicht wie einst Dostojewski zu erliegen, der sollte die Prunksäle lieber von 10 bis 12 Uhr ohne Spielbetrieb besichtigen. Ab 14 Uhr kann man dann sein Geld auf die unterschiedlichsten Arten ve spielen oder als gemachter Biker das Casino wieder verlassen.

RÖMISCHE BADRUINEN BADEN-BADEN
Zwischen dem Friedrichsbad und der Caracalla-

Nobel geht die Welt zugrunde

Info

 Anschauen   Anschauen   Kulinarisches

Therme befinden sich die Reste einer römischen Badeanlage, die für die Legionäre der römischen Stadt Aquae Aureliae im Jahre 117 n.Chr. errichtet wurde. Sie wurden 1847 entdeckt und in den Folgejahren freigelegt und vermitteln ein lebhaftes Bild von der Badekultur und der Hygiene der Römer.

MUMMELSEE
Der sagenumwobene Mummelsee liegt an der Schwarzwaldhochstraße, ganz in der Nähe der Gemeinde Sasbachwalden und ist mit 17 Meter Tiefe der tiefste der sieben Karseen im Schwarzwald. Eine alte Sage erzählt, dass früher Nixen und Zwerge, sowie ein König im Mummelsee gehaust haben. In Vollmondnächten sollen die Nixen zum Deckerhof nach Seebach gekommen sein. Man sagt, dass auch heute noch die Nixen bei Dorfabenden zu Besuch kommen. Aber selbstverständlich nur noch in Begleitung ihres strengen Vaters, dem Mummelseekönig.

SASBACHWALDEN
Inmitten herrlicher Reblandschaften liegt das denkmalgeschützte Örtchen Sasbachwalden mit seinen wunderschönen Fachwerkhäusern. Da heißt es Motorrad abstellen und zu Fuß das Kleinod erkunden.

ALTE POST
In einem imposanten, 300 Jahre alten Fachwerkhaus ist das gemütliche Restaurant untergebracht. Es präsentiert sich als hochherrschaftliches Eßzimmer von anno dazumal. Wie gemütlich es sich hier speisen läßt, verrät schon das Knarren der uralten Dielen.
Alte Post
Bahnhofstraße 2
72202 Nagold
Tel.:   0 74 52 / 8 45 00
Fax: 0 74 52 / 84 50 50
Geöffnet: Di. - So. 12-14 und 18 - 22 Uhr

ZUM ALDE GOTT
DAS Spitzenrestaurant von Baden-Baden. Bei der Speisekarte läuft einem das Wasser im Munde zusammen. Hier ein kleiner Auszug: Wild der Saison, Fasan mit Grünkohlpüree, Lachssülze mit Schnittlauchsauce. Da verliert man fast die Lust zum Biken.
Wilfried und Ilse Serr
Weinstr. 10
76 534 Baden-Baden / Neuweier
Tel.:   0 72 23 / 55 13

Nobel geht die Welt zugrunde

Info

 Kulinarisches   Fun   Gut zu wissen

Fax: 0 72 23 / 6 06 24
Öffnungszeiten: Sa. - Mi. 12-14 Uhr und 18.30 bis Ultimo, Fr. ab 18.30 Uhr und Donnerstag ist Ruhetag.
Hauptgerichte ab 22 Euro, Menüs ab 42 Euro

GUDE STUB
Mitten in dem Städtchen Bühl in einem richtig putzigen, alten Fachwerkhäuschen kann man sich von den Künsten des Küchenchefs Ludwig Bechter überzeugen lassen. Wie wäre es zum Beispiel mit einem "Spieß Lotte mit Gambas auf Ratatouille und Pesto-Nudeln"? Und das Ganze auch noch zu moderaten Preisen? Na eben, nichts wie hin.
Gude Stub
Dreherstraße 9
77 815 Bühl
Tel.:   0 72 23 / 84 80
Fax: 0 72 23 / 90 01 80
12-14 Uhr, 18 bis 21.30 Uhr, Dienstag ist Ruhetag
Menü 22 bis 40 Euro

BADEN-BADEN
Das Römisch-Irische Bad, ein Erlebnis der besonderen Art. Gewidmet einstmals dem *Schönen, Wahren und Gesunden*, ist es auch heute noch der Ort, der Ruhe und Entspannung in beeindruckender Architektur bietet.
CARASANA Bäderbetriebe GmbH
Römerplatz 1
76 530 Baden-Baden
Tel.:   0 72 21 / 27 59 20
Öffnungszeiten: 9 - 22 Uhr, Sonn- und Feiertage 12-20 Uhr

FREUDENSTADT
Heißgefahren und auf der Suche nach Abkühlung? Kein Problem, die gibt es im Panorama-Bad mit traumhafter Aussicht in Freudenstadt.
Ludwig-Jahn-Straße 60
72 250 Freudenstadt
Tel.:   0 74 41 / 89 06 20

BIKERTREFF
Bikertreff Boxenstopp
Wilhelm-Heusel-Straße 2
72 270 Baiersbronn
Info: 0 74 42 / 12 13 32

ADRESSEN
Baden-Baden Marketing GmbH, Solmstraße 1
76 530 Baden-Baden
Tel.:   0 72 21 / 27 52 00-01
Fax: 0 72 21 / 27 52 60
eMail: bbm.info@baden-baden.de
www.baden-baden.de

Touristik Freudenstadt
Marktplatz 64
72 250 Freudenstadt
Tel.:   0 74 41 / 864-730
fax: 0 74 41 / 8 51 76
eMail:
ktk.verwaltung@freudenstadt.de
http://www.freudenstadt.de

 Werkstatt

Motorrad-Beck
Willy Beck
Hirschkopfstraße 34
72 250 Freudenstadt
Tel.:   0 74 41 / 27 75
Fax: 0 74 41 / 82 568

Nobel geht die Welt zugrunde

My Fun Tours

Unbedingt merken:

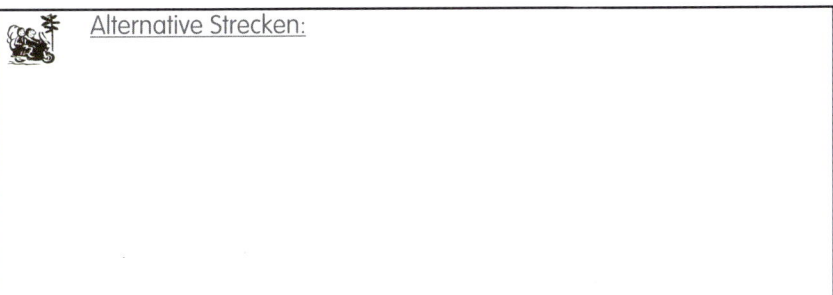

Alternative Strecken:

Übernachten:

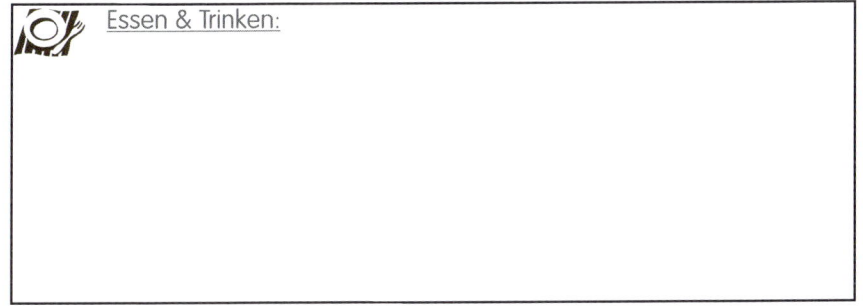

Essen & Trinken:

Nobel geht die Welt zugrunde

Von Nord nach Süd

Der Übergang in den Südschwarzwald

Der Übergang in den Südschwarzwald

Von Nord nach Süd

Von Nord nach Süd

Kaffee im Wasserschlösschen

Freudenstadt, die noble alte Kurstadt im Herzen des Schwarzwaldes liegt kaum hinter uns, als sich dessen Charakter bereits nach wenigen Kilometern komplett verändert hat. Es war kaum merklich, wie die hohen und dunklen Bergrücken flacher wurden, der dunkle Fichtenwald einem hellen Mischwald wich und Wiesen und Getreidefelder plötzlich zunahmen. Eigentlich auch kein Wunder, denn wir schleichen uns gerade ganz langsam aus dem östlichen Schwarzwald heraus. Die "Neckarschleife" - so haben wir diesen Abschnitt der Tour kurzerhand genannt - führt uns in weitem Bogen auf abgelegenen, kurvigen Straßen ins Neckartal bei Horb und wieder zurück. Zwischen Dießener- und Glatt-Tal, den beiden Tälern die diese Schleife bilden, liegt das

Romantisch - Wasserschlößchen im Glatttal

Der Übergang in den Südschwarzwald

Städtchen Glatt mit seinem wunderschönen Wasserschlösschen. Ein guter Grund für eine Pause mit einem starken Kaffe und einem Rundgang durch den Schlosshof. Bloß gut, dass heute nicht Sonntag ist, denn sonntags treten sich die Touris aus den Kaffeefahrt-Bussen hier gegenseitig die Füße platt. Ganz entspannt und frisch gestärkt können wir demnach die zahllosen Kurven des Glatt-Tales bis hinauf nach Glatten selbst genießen. Eher unspektakulär hingegen ist die Strecke von dort nach Loßburg. Als wir das Tal der kleinen Kinzig erreichen wird's allerdings sofort wieder richtig gut, denn wir sind wieder abseits des großen Verkehrs und genießen die Abgeschiedenheit dieses Seitentals. Durch dunklen, moosig riechenden Wald und durch kleine, einsame Dörfer in denen die Zeit stehen geblieben zu sein scheint, geht es nach Süden, in Richtung Schiltach. Da ist es wieder, unser Klischee vom Schwarzwald. Zumal nun auch diese typischen, mächtigen Schwarzwaldhöfe mit ihren ausladenden Dächern und ihren hangseitigen Scheuneneinfahrten auftauchen. Ein sicheres Zeichen dafür, dass wir den Südschwarzwald nun endgültig erreicht haben. Es ist die pure Freude, auf griffigem Belag durch dieses Bilderbuchtal, dieses "Oh Schwarzwald-oh Heimat" - Tal mit seinen schönen weiten Kurven in den Abend zu gleiten und den Blick über die Landschaft schweifen zu lassen. Das ist Erholung pur.

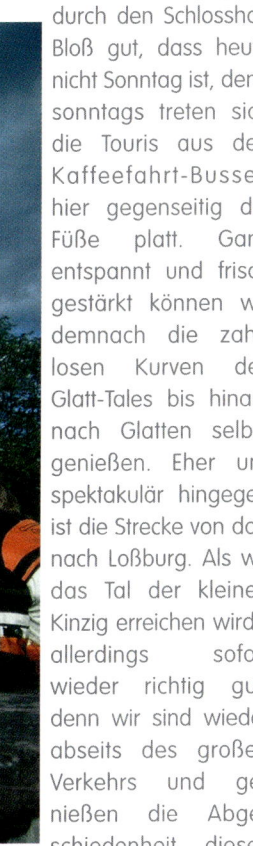

Sensationell gute Spätzle im Hirsch zu Schramberg

Als wir Schramberg erreichen ist es bereits dunkel, doch mit dem richtigen Riecher für gutes Übernachten ausgestattet, landen wir schließlich bei der Familie Kärcher im Gasthof Hirsch. Der stellt sich schnell als einer dieser guten Tipps heraus, die man eigentlich nur seinen besten Freunden erzählt. Die

Tour 3

Quick Check

Start : Freudenstadt
Ende : Elzach

Länge : ca. 240 km
Dauer : ca. 6 h

Profil :

Enduro : 10%

Tourer : 70%

Sportler : 20%

Von Nord nach Süd

Dame des Hauses kümmert sich geradezu mütterlich um uns und nennt uns Männer im reiferen Alter liebevoll "Buben". Wohl weil ihre eigenen Kinder im ähnlichen Alter sind. Ihr Mann hingegen zaubert derweil in der Küche einen leckeren Rehbraten mit Preiselbeeren und sensationell guten Spätzle. Hier passt einfach alles. Der Hirsch zu Schramberg ist eine echte Empfehlung.

Epizentrum Deutscher Uhrmacherkunst

Der nächste Morgen bringt uns auf der "Deutschen Uhrenstraße" von Schramberg nach St. Georgen und Triberg, dem Epizentrum deutscher Uhrmacherkunst. Vor allem die Kuckucksuhren sind es, die hier an den Mann, respektive vorzugsweise an den amerikanischen Touristen

Fun pur -
Mit Schwung durchs
Dießener Tal

gebracht werden sollen. So gesehen bildet Triberg nun die negative Seite des Schwarzwald-Klischees. Hier verkauft jede Tankstelle und jeder Bäcker nebenher noch Kuckucksuhren, denn die Touristen kommen zahlreich und die Dollars, Pfunde und Deutschmarks sitzen locker. Da begnügen wir uns lieber mit den Wasserfällen, Tribergs zweiter Attraktion, bevor wir uns wieder aufmachen, die ausgetrampelten Touristenpfade zu verlassen. Langsam durchrollen und schnell weiterfahren, das ist die Maxime für Triberg.

Bald darauf erreichen wir über Schonach, der Leistungsschmiede deutscher Skispringer, Langläufer und Biathleten das lauschige Elztal, in dem sich ein Konglomerat aus großen Höfen und kleinen Weilern zur

Tour 3

Special Info

EN-Tourer
Von Loßburg nach Reinerzau und von Oberprechtal nach Schonach

FUN-Tourer
Von Schramberg nach St. Georgen und von Oberprechtal nach Gutach

SPORT-Tourer
Von Glatten nach Schopfloch und von Hausach nach Elzach

Abseits der großen Straßen - Ödenwald

Gemeinde Prechtal, in ihren Teilorten Ober-, Unter- und Hinter- zusammengeschlossen hat. Es ist eine friedliche und gemütliche Landschaft aus weiten Wiesentälern, die beiderseits von dunklem Wald eingerahmt sind. Und das bleibt eine ganze Weile so. Allerdings nur bis kurz vor Gutach, wo wir dann leider den breiten Touristenstrom wieder treffen.

Kein romantisches Freilichtmuseum

Wer (so wie ich) geglaubt hat, dass der Vogtsbauernhof ein romantisches Freilichtmuseum ist, das abgeschieden auf einer Anhöhe ein paar interessierten Touristen das bäuerliche Schwarzwälder Leben des vorigen Jahrhunderts zeigt, der hat sich

Klischee - Schwarzwaldhaus aus dem Bilderbuch

Der Übergang in den Südschwarzwald

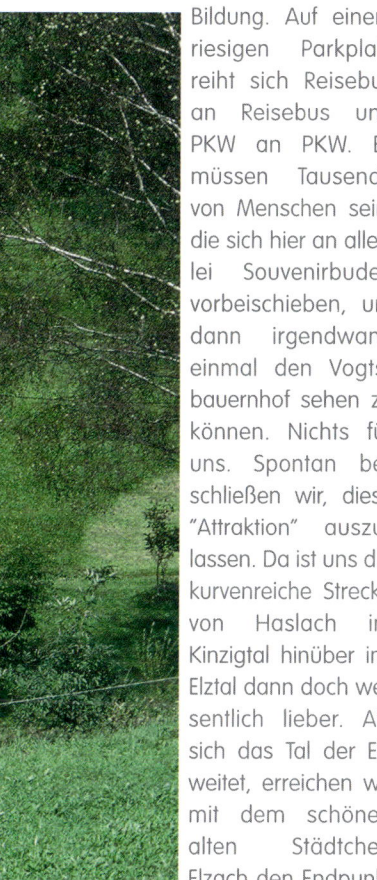

genauso getäuscht wie ich. Was sich am Ortseingang von Hausach, direkt neben der viel befahrenen B33 findet, gleicht mehr einem Rummelplatz als einem ernst zu nehmendem Ort der Bildung. Auf einem riesigen Parkplatz reiht sich Reisebus an Reisebus und PKW an PKW. Es müssen Tausende von Menschen sein, die sich hier an allerlei Souvenirbuden vorbeischieben, um dann irgendwann einmal den Vogtsbauernhof sehen zu können. Nichts für uns. Spontan beschließen wir, diese "Attraktion" auszulassen. Da ist uns die kurvenreiche Strecke von Haslach im Kinzigtal hinüber ins Elztal dann doch wesentlich lieber. Als sich das Tal der Elz weitet, erreichen wir mit dem schönen alten Städtchen Elzach den Endpunkt dieser Tour. Auch wenn es auf dieser Tour hier und da touristisch etwas heftiger wurde, so haben uns Landschaft, Strecke und Gastronomie dafür mehr als entschädigt.

Das Schießen zu Hornberg

Wie oft habe ich schon den Ausspruch *Das war wie beim Hornberger Schießen* verwendet, ohne die Geschichte wirklich zu kennen. Also mussten wir erst mit den Bikes durch den Schwarzwald düsen, um im Städtchen Hornberg (das gibt es wirklich) auf den historischen Kern dieser netten Anekdote zu stoßen. Es gibt landauf, landab mehrere verschiedene Varianten der Geschichte. Einmal ist da von Belagerungen im Dreißigjährigen Krieg zu lesen, oder sogar von betrunkenen Schützen, die ihre Scheiben nicht mehr trafen. Ein jeder kann sich seine Lieblingsversion heraussuchen. Mir gefällt die durch ein historisches Freilichtspiel untermauerte Version am besten:

Schuld an der ganzen Misere ist wohl der Nachtwächter. Er war beauftragt, die Ankunft des Landesherrn, Herzog Christoph von Württemberg, von seinem Turm aus zu erspähen, damit man ihm gebührenden Salut schießen konnte. Also beobachtete er den Horizont, um die Staubwolke des herzoglichen Trosses zu erkennen. Leider hat er sich zweimal getäuscht. Beim ersten Mal war es nur ein Hirte mit seinen Tieren und beim zweiten Mal ein Händler mit seinen Waren. Doch die Kanoniere der Stadt gaben ihr Bestes und schossen jedes Mal aus allen Rohren. Als der Herzog dann endlich anrückte, war das ganze Pulver verschossen. Um nicht ganz ohne Salut dastehen zu müssen, riefen nun die Schützen Piff-paff, Piff paff. Angeblich hat es der Herzog ihnen nicht verübelt.

Von Nord nach Süd

Info

 Übernachten   Übernachten   Anschauen

*** LANDHOTEL BÄREN
Hauptstraße 4
72 290 Loßburg
Tel.:   0 74 46 / 13 52
Fax: 0 74 46 / 14 65
eMail:
Service@hotelbaeren.de
400 Jahre hat dieser typische, urige Schwarzwälder Landgasthof schon auf dem Buckel. Und man ist dort immer noch bestens aufgehoben. Der Chef des Hauses, selbst Biker, ist Küchenmeister und stellt sich für seine Gäste höchstpersönlich an den Herd.

**** HOTEL GASTHOF HIRSCH
Hauptstraße 11
78 713 Schramberg
Tel.:   0 74 22 / 2 05 30
Fax: 0 74 22 / 2 54 46
Absolut empfehlenswertes Hotel mit einer ausgezeichneten Küche und bestens sortierter Weinkarte. Gerhard und Irmela Kercher sorgen äußerst liebevoll für ihre Gäste. Allerdings gibt es nur 5 sehr gut ausgestattete Zimmer, so dass eine Reservierung unbedingt anzuraten ist.

* PENSION SCHOCH
Familien Dold/Lorenz
Untertal 13
78 098 Triberg-Gremmelsbach
Tel./Fax: 0 77 22 / 48 25
eMail:
pension-schoch@isdd.de
Die Pension, ein original Schwarzwaldhaus, liegt genau 635 Meter über NN und befindet sich inmitten eines Wiesen- und Waldgeländes auf einer natürlichen Anhöhe. Zum Haus gehört ein Forellenteich, eine Liege- und Spielwiese, ein großer Parkplatz, sowie 2 Enten, 3 Katzen und 1 Hund.

ALPIRSBACH
Alpirsbach inmitten großer Nadelwälder sollte man nicht nur wegen der eindrucksvollen Umgebung, sondern auch wegen der imponierenden romanischen Benediktinerabtei (errichtet von 1095 bis 1125) mit seiner dreischiffigen Basilika besuchen.

SCHILTACH
Am besten lässt man das Motorrad irgendwo am Rande der Altstadt stehen und erkundet zu Fuß dieses idyllische Ensemble von historischen Fachwerkhäusern. Die gesamte Altstadt steht unter Denkmalschutz. Zentrum ist das stattliche Renaissance-Rathaus mit einem alten Marktbrunnen. Unzählige Sträßchen und Gässchen ziehen sich durch die Stadt und manche sind durch gepflasterte *Stäpfele* (enge Treppengässchen) verbunden.

Info

 Anschauen   Anschauen   Kulinarisches

HARDT

Hardt liegt in der Nähe von Tennenbronn und beherbergt die größte Modelleisenbahn im Schwarzwald. Die Anlage auf 120 Quadratmeter Grundfläche bewundern nicht nur die kleinen Gäste des Freizeitparks. Vorführungen in den Sommermonaten täglich um 12, 14, 16 und 18 Uhr.

TRIBERGER WASSERFÄLLE

Der höchste Wasserfall Deutschlands, so heißt es überall in dem kleinen Städtchen Triberg. Und wirklich, er ist schon imposant, wenn man dann endlich vor ihm steht und die gewaltigen Wassermassen 162 Meter in die Tiefe stürzen. Für ca. 1.25 Euro Eintritt und ein paar hundert Meter Fußweg kann man dieses Naturschauspiel erleben.

GUTACH

Aus diesem kleinen Örtchen stammt der traditionelle Bollenhut des Schwarzwaldmädels, zu sehen auf allen Reiseführern. Außerdem wurde auf einem 4 Hektar großen Areal, dem sogenannten *Vogtsbauernhof*, ein eindrucksvolles, aber überlaufenes Freilichtmuseum geschaffen. Häuser aus dem 16. und 17. Jh. sowie Mühlen und eine Schmiede veranschaulichen eine längst vergangene Zeit.

HOTEL RESTAURANT WARTECK

Wir haben ihn probiert, den Rehrücken mit den geschabten Spätzle. Und in der Tat, dieses Gericht ist die Spezialität des Hauses. Aber der Bretonische St. Pierre und der Drachenkopf toskanischer Art müssen sich auch nicht verstecken. Leider konnten wir nicht länger bleiben um noch mehr auszuprobieren.
Hotel Restaurant Warteck
Stuttgarter Straße 14
72 250 Freudenstadt
Tel.: 0 74 41 / 91 92 0

ALTE KIRCHE UNTERBRÄNDI

Ursprünglich war die romanisch-gotische "Alte Kirche" aus dem 13. Jahrhundert ein Wallfahrtsort. Ein Wallfahrtsort ist sie geblieben, wenn auch in einem etwas anderen Sinn. Heute ist die Kirche das ungewöhnlichste Schwarzwälder Gasthaus.
Alte Kirche, 72 290 Lossburg-Unterbrändi
Tel.: 0 74 46 / 22 61
täglich ab 11.30 Uhr,
Montags geschlossen

Von Nord nach Süd

Info

 Fun   Gut zu wissen   Werkstatt

DORNSTETTEN
Barfuss über Sand, Rasen, Moos, Kiesel und was es sonst noch so an unterschiedlichen Materialien gibt. Einfach die Mopedstiefel ausziehen und sich eine kostenlose Fußreflexzonenmassage gönnen. Eine Gesamtrunde ist ca. 2,4 km lang.
www.barfusspark.de

RITTERSPIELE IN HORB
Jedes Jahr im Juni finden in Horb die bekannten Ritterspiele statt. Herrschaftliche Ritter in glänzenden Rüstungen und bis an die Zähne bewaffnet messen sich in wahrhaft ritterlichen Turnieren.

BIKERTREFF
Seit fast 10 Jahren hat der Klaus vom Gasthof Linde sich auf die Bedürfnisse der Biker eingerichtet. Es gibt dort sichere Abstellmöglichkeiten für die Motorräder und Hilfe bei Fragen und Problemen. Jedes Jahr im August gibt es ein gigantisches Bikertreffen. Weitere Infos unter:
www.touring-relaxing.de/

ADRESSEN

Tourist Information
Alpirsbach
Hauptstraße 20
72 275 Alpirsbach
Tel.: 0 74 44 / 95 16 -281
Fax: 0 74 44 / 95 16 - 283
eMail:
tourist-info@alpirsbach.de
www.alpirsbach.de

Tourist Information Triberg
Luisenstr. 10
78 098 Triberg
Tel.: 0 77 22 / 953-230
Fax: 0 77 22 / 953-236
eMail:
tourist-info@triberg.de
www.triberg.de

Grüneberg Motorrad-Service
Heinrich-Hertz-Straße 19
78 052 Villingen-Schwenningen
Tel.: 0 77 21 / 72 720
Fax: 0 77 21 / 73 449
eMail:
motorradgrueneberg@t-online.de

Motorrad-Service Schwer
Industriestraße 17a
78 112 St. Georgen
Tel.: 0 77 24 / 67 03
Fax: 0 77 24 / 30 12
eMail:
info@msm-schwer.de
www.msm-schwer.de

 Plattfuß

Firma Eugen Mantel
Hauptstraße 76
bei AVIA Tankstelle
77 761 Schiltach
Tel.: 0 78 36 / 85 54
Mobil: 0 17 1 / 69 40 013

Von Nord nach Süd

My Fun Tours

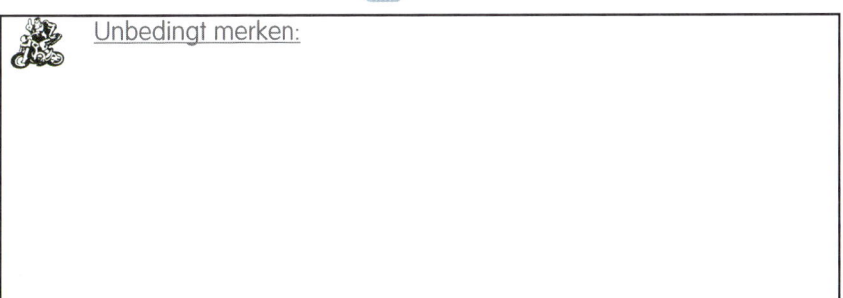

Unbedingt merken:

Alternative Strecken:

Übernachten:

Essen & Trinken:

Von Nord nach Süd

Schwarzwaldklinik & Co

Furtwangen ist ein kaltes Loch

Furtwangen ist ein kaltes Loch. Sogar jetzt, im Sommer. Profillos liegt das zersiedelte Städtchen in seinem talwärts, immer mal wieder einen fantastischen Blick auf die tief eingeschnittene Schlucht links unter uns freigebend. Lose verstreut liegen

Macht Laune -
Mit Schräglage durch den Wald

Hochtal und es ist rein gar nichts los. Wir haben sogar Mühe an diesem frühen Morgen eine Bäckerei mit Stehcafe zu finden. Also am besten nichts wie aufgesattelt und die Straße nach Simonswald gefunden. Was uns auch auf Anhieb gelingt. Der wunderbare Ausblick ins Tal der wilden Gutach lässt uns alles andere ganz schnell vergessen. In weiten Kurven windet sich die Straße nur langsam einzelne Bergbauernhöfe auf den weiten Wiesen. Alles hat fast schon alpinen Charakter. Nur ganz langsam öffnet sich das Tal um sich schließlich in Gutach ganz dem Elztal zu ergeben. Dort halten wir uns aber nicht lange auf, denn bereits nach wenigen Kilometern befinden wir uns auf der engen und kurvigen Straße, die uns zum Kandel, einem der höchsten Schwarzwaldpässe führt. Immer

Hexenloch & Höllental - Von Furtwangen über Freiburg zum Schluchsee

Tour 4

Quick Check

Start	: Furtwangen
Ende	: Schluchsee
Länge	: ca. 260 km
Dauer	: ca. 7 h

Profil :

 Enduro : 20%

Tourer : 40%

Sportler : 40%

wieder öffnet sich der Laubwald um uns herum für kurze Momente und lässt herrliche Ausblicke auf das tief unter uns liegende Elztal zu. Auf der Passhöhe dann das gewohnte Bild: Touristen, die ihre Fahrt kurz unterbrechen um die Aussicht zu genießen und Drachenflieger, die hier oben einen, im Sinne des Wortes "hervorragenden" Startplatz gefunden haben.

Keine Spur von Dr. Brinkmann

Aber vor allem für Biker ist der Kandel ein echter Leckerbissen. Kurvig und eng ging`s hier rauf und ebenso kurvig, nur jetzt auf einer viel breiteren Straße geht`s auch wieder runter. Und zwar direkt ins Glottertal. Heimat von Dr. Brinkmann und seiner romantisch verklärten Schwarzwaldklinik. Unsere tägliche Soap gib uns heute. Aber so sehr wir auch Ausschau halten, vom Doktor und seiner Klinik ist nichts zu sehen. Was uns jedoch nicht wirklich stört. Da genießen wir dann doch lieber die kurvige Strecke und die schönen Dörfer mit den so typischen Schwarzwaldhäusern, deren Dächer weit heruntergezogen und ihre

Aussichtsreich - Blick ins Tal der wilden Gutach

Schwarzwaldklinik & Co

Schwarzwaldklinik & Co

Mächtig - Freiburger Münster

Fronten reich mit Blumen geschmückt sind. Da ist es schon wieder, unser Klischee. Nicht umsonst haben wohl die Fernsehmacher die Schwarzwaldklinik in dieses schöne Tal gesetzt. In dem Maße wie sich das Glottertal weitet, treten die bewaldeten Berge zurück und an ihre Stelle bereits die ersten Weinberge. Das von der Schöpfung klimatisch besonders bevorzugte Breisgau mit seiner, fast schon italienisch anmutenden Metropole Freiburg muss nah sein.

Freiburg ist anders. Sogar im Fußball

In der Tat ist Freiburg "etwas anders". Stark geprägt durch eine Universität von Weltruf, war hier das Gedankengut schon immer etwas

Hexenloch & Höllental - Von Furtwangen über Freiburg zum Schluchsee

moderner, aufgeschlossener und toleranter als anderswo. Hier wurden neue politische Richtungen und neue wissenschaftliche Denkweisen gefunden und sogar das profane Geschäft des bezahlten Fußballs wird hier mit viel Spaß und wenig Abzocke betrieben. Der SC hat mit seiner alternativen Vereinsführung und den damit verbundenen Erfolgen den Freiburgern wieder so was wie eine fußballerische Identität gegeben. Als wir auf dem Münsterplatz, inmitten eines bunten und umtriebigen Wochenmarktes stehen, können wir die Atmosphäre dieser jungen, alten Stadt geradezu spüren. Ein gemütlicher Cappuccino in einem der Straßencafes tut ein Übriges. Freiburg ist sympathisch.

Verlässt man Freiburg über den Stadtteil Ebnet nach Osten, dann öffnet sich ein weites, von drei Seiten schützend von Schwarzwaldbergen eingerahmtes Tal. Hier liegt Kirchzarten und von hier fahren wir hinauf

Tour 4

Special Info

 EN-Tourer
Von Waldkirch nach Kandel und von Erlenbach zur B500

 FUN-Tourer
Von Furtwangen nach Simonswald und von Freiburg nach St. Märgen

 SPORT-Tourer
Vom Kandel nach Denzlingen und von Falkensteig zum Thurner

nach St. Peter, einem kleinen Bilderbuch-Städtchen mit Kloster, das auch für Nicht-Kleriker durchaus reizvoll anzuschauen ist. Von St. Peter geht es wald- und kurvenreich hinauf nach St. Märgen und durchs Hexenloch wieder hinunter, bevor wir wieder die Kämme des Hochschwarzwalds erreichen. Die "Schwarzwald-Panoramastraße", die wir mit der B500 erreichen, trägt ihren Namen völlig zu Recht. Weite Ausblicke bieten sich nach rechts und links. Im Nordwesten reihen sich blaugraue Bergketten zu einer schemenhaften Silhouette, auf halber Tiefe nur durch das gelbliche Dunstband des Rheintals unterbrochen. Im Südosten reicht der Blick über den Südschwarzwald bis hin zu

Schwarzwaldklinik & Co

den Schweizer Alpen. Eine pittoreske Szene, die durch die herannahende Gewitterfront geradezu dramatisch illuminiert wird.

Der Titisee gibt seine Wasserleichen nicht mehr her

Dieser entgehen wir nur dadurch, dass wir am Thurner, der trotz der Namensgleichheit rein gar nichts mit mir zu tun hat, nach rechts in ein kleines Seitental abbiegen. Vorbei an den malerisch gelegenen Schweighöfen fahren wir durch das enge Wald- und Wiesental zum Falkenhof und von dort zum zweiten Mal an diesem Tag nach Kirchzarten. Nicht jedoch wieder nach Freiburg, sondern entgegengesetzt auf die B31, die an sich gesehen nicht gerade ein motorradfahrerisches Highlight ist. Wäre da nicht das Höllental mit dieser atemberaubenden

Nah am Himmel - Kloster St. Peter

Ravennaschlucht an seinem Ende. Irgendwie macht das Tal kurz vor Titisee-Neustadt zu, wird hoch, eng und schluchtig. Von unten ist es kaum zu glauben, dass sich diese stark befahrene Straße durch diese scheinbar unüberwindbare Wand zwängen soll. Und doch geht es. In engen Kurven und sogar vierspurig windet sich die Straße fast abenteuerlich die Schlucht hinauf und oben ist es ganz plötzlich so, als ob da niemals eine Schlucht gewesen wäre. Sanft, hügelig und lieblich liegt die Landschaft vor uns. Erst allmählich, als wir dem Titisee näher kommen, sieht es wieder nach Hochschwarzwald aus. Dunkel und geheimnisvoll liegt der Titisee links unter uns und ich denke daran, dass man sagt er gäbe seine Wasserleichen nicht mehr her. Ein schauriges Gefühl. Das bessert sich auch wenig später nicht, als wir nach einer düsteren Waldpassage den ähnlich dunklen Schluchsee erreichen. Da hilft nur noch eine gute Tasse Kaffee auf dem sonnigen Kirchplatz von Schluchsee.

Faszination Kuckucksuhr

Was wäre ein Schwarzwaldreiseführer ohne Bollenhut und Kuckucksuhr? Der Boom der berühmten Uhr bleibt ungebrochen und das nicht nur, wie vielleicht vermutet, bei den Japanern, Engländern oder Amerikanern. Nein, auch bei den Einheimischen bleibt die Liebe zur Kuckucksuhr bestehen. 1730 baut Anton Ketterer aus Schönwald im Schwarzwald die erste Uhr, bei der jede Stunde durch einen Kuckuck au gerufen wird. Von da an war ihr Siegeszug nicht mehr zu stoppen. Im 19. Jahrhundert wurde die Uhr so weiterentwickelt, dass in ihrem Giebel der kleine Vogel erschien. Das Uhrengehäuse gleicht einem kleinen Schwarzwaldhäuschen mit verziertem Satteldach. An den Uhrenketten hängen Tannenzapfen als Gewichte für das Uhrwerk. Anfänglich wurden die Uhren ausschließlich aus Holz gefertigt. Später ging man auf metallische Uhrwerke über, da diese genauer waren. Neue Berufszweige, wie z.B. die Uhrschildmalerei oder das Uhrenschnitzen, entwickelten sich. Viele Bauern trugen von nun an statt des Glases auf ihrer Krätze (Tragegerät) Uhren in die deutschen, französischen und Schweizer Lande.

Info

 Übernachten   Übernachten   Anschauen

**** HOTEL GASTHOF HIRSCH
Am Moosrain 2
79183 Waldkirch-Kollnau
Tel.: 0 76 81 / 73 09
Fax: 0 76 81 / 73 29
Der Chef und der Junior fahren beide Motorrad und wissen, was ein müder, hungriger Biker am Abend nach einer langen Tour braucht. Trockenraum und Gratisgarage für die Bikes sind vorhanden.

*** HOTEL SCHLOẞMÜHLE
Talstraße 22
79286 Glottertal
Tel.: 0 76 84 / 14 88
Fax: 0 76 84 / 14 85
Sehr rustikales, heimeliges Hotel im Glottertal. Hier ist sie zuhause, die gute alte Tradition der Schwarzwälder Gastlichkeit. Direkt neben dem alten Mühlrad gibt es einen kleinen Biergarten, in dem man den Tag so richtig gut ausklingen lassen kann.

***** ZUM ROTEN BÄREN
Oberlinden 12
79098 Freiburg
Tel.: 0 76 1 / 38 787-0
Fax: 0 76 1 / 38 787-17
eMail:
info@roter-baeren.de
www.roter-baeren.de
Wer in der Reisekasse noch genug Kleingeld hat, sollte es sich nicht entgehen lassen, im ältesten Gasthof Deutschlands die Nacht zu verbringen. 50 lückenlose Generationen von Bärenwirten haben seit 1120 ihre Gäste hervorragend bewirtet.

**** ROMANTIK HOTEL ADLER POST
Hauptstraße 16
79822 Titisee-Neustadt
Tel.: 0 76 51 / 50 66
Fax: 0 76 51 / 37 29
Die ehemalige Posthalterei kann auf 400 Jahre Tradition zurückblicken. Zuerst dachten wir ja, wir sind hier komplett falsch, doch dann erblickten wir das kleine Schildchen *Motor Bike Hotels International* und der Chef höchstpersönlich erklärte uns, dass sich diese Hotels den Motorradfahrern besonders verpflichtet fühlen. Es stimmt! Unser Fazit: Absolut empfehlenswert.

FURTWANGEN
Normalerweise hält man in Furtwangen nicht unbedingt an, es sei denn, man muss tanken. Aber da war doch noch was: Das Deutsche Uhrenmuseum, in dem man die faszinierende Geschichte der Zeitmessung bestaunen kann.
Deutsches Uhrenmuseum
Gerwigstraße 11
78120 Furtwangen
Tel.: 0 77 23 / 920 117
Fax: 0 77 23 / 920 120
museum-info@deutsches-uhrenmuseum.de
www.deutsches-uhrenmuseum.de
Öffnungszeiten: 1. April - 31. Okt.: tägl. 9.00 - 18.00 Uhr

FREIBURGER MÜNSTER
Das Wahrzeichen der Stadt gehört zu den schönsten Kirchen Mitteleuropas. Um ca. 1200 von Herzog Berthold V. in Auftrag gegeben, dauerte es lächerliche 300 Jahre bis zur Fertigstellung. Der *schönste Turm der Christenheit* ist 116 Meter hoch und nach 328 Stufen hat man eine grandiose Aussicht über die ganze Stadt.

Info

 Anschauen   Kulinarisches   Kulinarisches

STIFTSBIBLIOTHEK ST. PETER

Auf über 700 Meter Höhe befindet sich zwischen sanften Hügeln und weiten Wiesen das Benediktinerkloster. Um ca. 1750 entstanden die Klostergebäude, die unter anderem eine bedeutende und wertvolle Bibliothek beherbergen.

HEXENLOCHMÜHLE

Endlich haben wir es gefunden, das Bilderbuchklischee vom Hochschwarzwald: südlich von Furtwangen plätschert im engen Tal Hexenloch der Heu-bach durch schwarzgrüne Wälder. Und dort steht es, das beliebteste Fotomotiv des Schwarzwaldes: Die Hexenlochmühle. Wären da nicht die vielen Reisebusse, so könnte man glatt meinen, hier sei die Zeit stehen geblieben. Nur nicht die großen Wasserräder, die haben sich anscheinend immer weiter gedreht.

RESTAURANT ENOTECA

Mit sehr viel italienischem Flair präsentiert sich das Restaurant. Die aufwendige, leichte und deswegen teure Küche begeistert mit einer hervorragenden Fisch- und Weinkarte. Wie wär's z.B. von Mangold Taleggio-Ravioli mit Rotbarbenfilet? Hier trifft sich alles, was Geld, Rang und Namen hat.
Enoteca Keller Trattoria und Restaurant
Gerberau 19-23
79098 Freiburg
Tel.:   0 76 1 / 38 99 13-0
Fax: 0 76 1 / 28 05 81
Sonn- u. Feiertags geschl.

OBERKIRCHS WEINSTUBE

Die Weinstube ist einer der beliebtesten Treffpunkte für *Vierteles-Schlotzer* in ganz Freiburg. Gemütlich geht es hier zu. Man sitzt zusammen, redet Benzin, isst lecker und trinkt guten Wein. Und im Nu ist der Abend verstrichen und es ist Mitternacht und damit Schluss in der Weinstube.
Oberkirchs Weinstuben
Münsterplatz 22
79098 Freiburg
Tel.:   0 76 1 / 310 11
Sonntag Ruhetag.

Info

 Fun   Adressen   Werkstatt

JAZZHAUS FREIBURG
Weithin bekannte Jazzkneipe, für manche sogar die beste in Europa. 365 Tage Live-Musik mit Jazz, Folk, Rock, Soul, Pop und was es sonst noch so alles gibt.
Jazzhaus Freiburg
Schnewlinstraße 1
79 098 Freiburg
Tel.:   0 76 1 / 34 973
Fax.:   0 76 1 / 2 92 34 48
eMail: info@jazzhaus.de
www.jazzhaus.de

BRASSERIE SCHILLER
Mitten in Freiburg und doch mitten in Paris? Das Schiller macht es möglich. Die vielen kleinen Tischchen, das Ambiente, alles erinnert an Paris. Einfach da sitzen und den Tag genießen.

HINTERZARTEN
Skispringen im Sommer? Aufgrund der zahlreichen Mattenschanzen ist das Skispringen auch im Sommer zu einer attraktiven Sportart geworden. Es ein besonderer Spaß, die *Adler* im Hochsommer fliegen zu sehen. Der Event steigt meistens Anfang August.

ADRESSEN

Tourist Information Freiburg
Rotteckring 14
79 098 Freiburg
Tel.:   0 76 1 / 38 81 - 880
Fax: 0 76 1 / 38 81 - 887
eMail:
touristik@fwt-online.de
www.freiburg.de

Tourismus Südlicher Schwarzwald
Stadtstraße 2
79 104 Freiburg
Tel.:   0 76 1 / 21 87 - 304
Fax: 0 76 1 / 21 87 - 534
eMail:
tss@breisgau-hochschwarzwald.de
www.schwarzwald-sued.de

Zweirad-Garage L. Schwär
Gündlingerstraße 1
79 111 Freiburg
Tel.:   0 76 1 / 45 25 30
Fax: 0 76 1 / 45 25 325

Motorradtechnik Richert
Neustrasse 22
79312 Emmendingen
Tel.:   0 76 41 / 5 46 28
Fax: 0 76 41 / 41 61 92

 Plattfuß

Martin Ketterer
Mühlenweg 5a
79 183 Waldkirch
Tel.:   0 76 81 / 40 95 86

Stinnes Reifendienst GmbH
Industriestraße 5
79183 Waldkirch
Tel.:   0 76 81 / 50 12

Ketterer GmbH
Alemannenstraße 30
78120 Furtwangen
Tel.:   0 77 23 / 71 26
Fax: 0 77 23 / 51 50

My Fun Tours

Unbedingt merken:

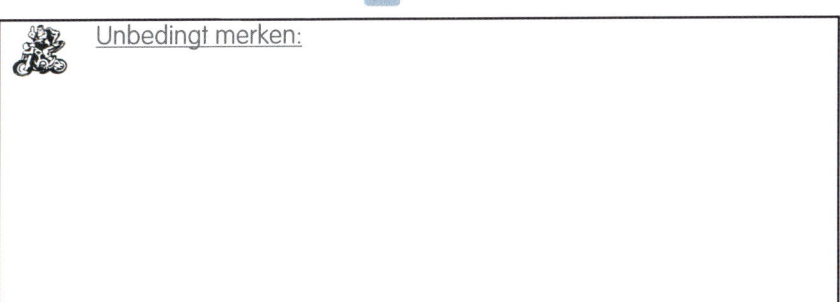

Alternative Strecken:

Übernachten:

Essen & Trinken:

Schwarzwaldklinik & Co

Kurven Satt

Schauinsland und andere Adrenalinquellen

Kurven satt

Sonntags nie

Als wir uns an diesem Morgen im beschaulichen Städtchen Schluchsee über die Karte gebeugt die Route für diesen Tag anschauen, da ahnen wir es schon. Die heutige Tour wird das Highlight dieser gesamten Schwarzwald-Erkundung. Diese, mit grünem Textmarker hervorgehobene Linie vor uns, schlängelt, windet und krümmt sich fast über den gesamten Ausschnitt der Karte zwischen Schluchsee und Badenweiler. Eindeutiges Indiz für jede Menge Kurvenspaß. Wichtig für diesen Tag ist neben gutem Wetter eigentlich nur noch, dass es weder Samstag, noch Sonntag, noch Feiertag ist, denn an diesen Tagen ist der Schauinsland für uns zweirädrige Motoristen gesperrt. Doch heute ist Freitag, wir haben also Glück. Allerdings sind wir von diesem berühmt-berüchtigten Schauinsland zu dieser Stunde noch weit entfernt. Zunächst gilt es erst einmal den Feldberg zu erreichen. Lieblich und unspektakulär zieht sich die kleine Straße durch den Wald und über den Berg, bis hinunter nach Lenzkirch, einem dieser Bil-

Großartige Kulisse - Todtnau

Schauinsland und andere Adrenalinquellen

Kurven satt – am Notschrei

Tour 5

Quick Check

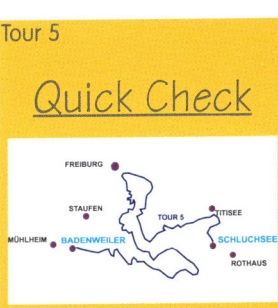

Start : Schluchsee
Ende : Badenweiler

Länge : ca. 270 km
Dauer : ca. 9 h

Profil :

Enduro : 5%

Tourer : 20%

Sportler : 75%

derbuch-Schwarzwaldstädtchen. Dort biegen wir nach links auf die B315 ab, die für eine Bundesstraße an-genehm wenig befahren ist. In sanften Kurven und durch eine anmutige Wiesenlandschaft steigt die Straße in bewaldetere Höhen auf. Langsam, fast unmerklich gewinnen wir an Höhe. Und irgendwann fahren wir dann nur noch in diesem dunklem Fichtenhochwald, der für den Schwarzwald so typisch ist. Als der Verkehr zunimmt und plötzlich rechts und links der Straße lange Parkbuchten auftauchen, wissen wir, dass wir den Feldberg nun erreicht haben. Und dann liegt auch schon diese kahle Kuppe mit dem charakteristischen Turm halbrechts vor uns. Trotz Hochsaison und ganz passablem Wetter ist an diesem Tag erstaunlich wenig los, hier oben, auf dem Dach des Schwarzwaldes.

Woher der Notschrei wohl seinen Namen hat?

Und auch wir gönnen uns nur eine ganz kurze Pause, denn der schönste Teil der Strecke liegt ja schließlich noch vor uns. Einen ersten Vorgeschmack kriegen wir, als das Todtnauer Tal weit und tief unter uns liegt. Ein fantastischer Anblick. Ein paar wenige, dafür aber sehr schnelle Kurven später haben wir das nette Städtchen auch bereits erreicht. Und hier geht's so richtig los. Von hier bis zum Ende der Tour gibt es praktisch nur noch Kurven. Kurven satt eben. Den Anfang macht die Strecke hinauf zum Notschrei. Angesichts der

Kurven satt

Strecke, die sich kurvig am rechten Hang eines engen Tales bergwärts windet, mag ich gar nicht daran mal wieder in endlosen Kurven hinunter, in das bereits bekannte, sonnendurchflutete Tal um Kirchzarten.

Romantisch - Rast mit Lagerfeuer

denken, woher der Name dieses Passes wohl rührt. Auf jeden Fall war es wahrscheinlich kein angenehmes Ereignis, das dieser Stelle den Namen gab. Oben angekommen biegen wir nach rechts, Richtung Kirchzarten und Freiburg ab, denn wir wollen ja schließlich nicht ohne Ausnutzung aller vorhandenen Kurven auf den Schauinsland kommen. Also zunächst

Von dort schleichen wir uns sozusagen an Freiburgs Hintereingang vorbei, um unter Vermeidung der Innenstadt gleich auf die Straße zum Schauinsland zu kommen. Irgendwie gelingt uns das auch. Als wir die letzten Anzeichen geschlossener Besiedlung hinter uns gelassen haben, sind dem Kurvenspaß keine Grenzen mehr gesetzt.

Schauinsland und andere Adrenalinquellen

Tour 5

Schauinsland - Was vom Allerfeinsten

Rhythmisch und immer schön im Wechsel von Linkskurve und Rechtskurve geht es hinauf. Bereits nach wenigen Kilometern tritt der Wald zugunsten einer Hochweide zurück und in der langgezogenen Rechtskurve liegt im warmen Sonnenlicht des Nachmittags die "Holzschlägermatte", oder kurz "Matte" genannt. Dies ist der Treffpunkt aller Schauinsland-Süchtigen. Hier stehen alle, die die Strecke bereits mehrfach am Tag rauf und runter gefahren sind und beklatschen die gewagtesten Schräglagen jener, die es noch vor sich haben. Und Freitags endet dies dann in einem beliebten und belebten Bikertreff. Auch wir können uns dieser Faszination nicht entziehen und fahren ebenfalls einmal rauf und dann wieder runter. Und ebenso wie all die anderen sitzen wir danach auf der Terrasse der "Matte" und schauen bei einer Tasse Kaffe zu, wie die Knieschleifer in dieser Kurve ihr Bestes geben. Leider ist auf dieser fantastischen Schauinsland-Strecke schon soviel passiert, dass sie, wohl zurecht, an Wochenenden und Feiertagen

Special Info

EN-Tourer
Vom Schauinsland nach Obermünstertal und von Todtmoos-Herrenschwand nach Schönau

FUN-Tourer
Von Schluchsee nach Lenzkirch und von Schönau nach Badenweiler

SPORT-Tourer
Von Todtnau nach Kirchzarten, von Freiburg zum Schauinsland und von Obermünstertal nach Wieden

für Biker gesperrt wurde. Dennoch bleibt sie was vom Allerfeinsten, was Deutsche Straßen abseits der Alpen für Biker zu bieten haben.

Die "Matte" - Der Bikertreff am Schauinsland

Kurven satt

Der Kick geht weiter

Für uns geht der Kick dieses Tages ein paar Kilometer später weiter, als wir nach einer Pause an einer romantischen Waldlichtung kurz vor Obermünstertal auf die Strecke zum Wiedener Eck einbiegen. Ähnlich wie die Schauinslandstrecke ist auch auf diesem Abschnitt Kurve an Kurve gereiht. Und ebenso ähnlich fahren auch hier die Jungs aus der Gegend immer wieder rauf und runter. Wir können es fast nicht glauben, dass es hier in unmittelbarer Nachbarschaft zwei so absolute Topstrecken gibt. Dementsprechend ist für uns talwärts etwas Verschnaufen angesagt. Allerdings nur bis Todtnau-Gschwend. Denn danach geht es kurvenmäßig

Nasser Spass - Bachüberquerung bei Gießübel

Schauinsland und andere Adrenalinquellen

wieder richtig zur Sache. Durch dunklen Wald windet sich die Straße hinauf, ins obere Albtal, das mich an diesem frühen Abend in seiner atmosphärischen Kühle irgendwie an Irland erinnert. Eher gemächlich, der Stimmung des Abends entsprechend, erreichen wir St. Blasien und später Todtmoos. Gerade noch früh genug, um das, was wir mittlerweile den "Wiedener Kreisel" genannt haben, noch einmal zu fahren. Auf der kleinen, in der Karte fälschlicherweise als gesperrt eingezeichneten Straße fahren wir zunächst nach Schönau und von dort nochmals hinauf zum Wiedener Eck. Das kurze Stück hinunter nach Utzenfeld kennen wir zwar schon, aber es macht auch beim zweiten Mal noch genauso viel Spaß. Und dann lassen wir den Tag ausklingen. Ganz entspannt, wenn auch kaum weniger kurvig, gleiten wir nun auf einer gemütlichen kleinen Nebenstraße über sanfte Höhen nach Westen, um im noblen Kurstädtchen Badenweiler den Tag zu beschließen. Dort herrscht zwar nach 20 Uhr ein Verbot für Motorräder, doch das stört uns nach diesem Tag voller Kurven nicht. Nicht wirklich.

Doctor Faustus

Anno 1539 ist im Leuen zu Staufen Doctor Faustus so ein wunderlicher Nigromanta gewesen, elendiglich gestorben und es geht die Sage der obersten Teufel einer, der Maphist stopilis, den er in seinen Lebenszeiten nur seinen Schwager genannt, habe ihm, nachdem der Pact von 24 Jahren abgelaufen, das Genick abgebrochen und seine arme Seele der ewigen Verdammnis überantwortet.

So lautet zumindest die Überlieferung der tragischen Ereignisse im Jahre 1536 (oder 1539). Der Wirt soll eines Morgens den umtriebigen Alchimisten mit gebrochenem Genick im Zimmer Nr. 5 gefunden haben. Dass Faust existiert hat, ist unbestritten. Angeblich hat der hochverschuldete Freiherr Anton von Staufen den Alchimisten Faust aufgrund der ihm nachgesagten Fähigkeit, Gold künstlich herstellen zu können, in seinen Dienst gestellt. Offenbar misslang das gewagte Unternehmen. Der Freiherr hinterließ einen enormen Schuldenberg. Faust allerdings wurde nach seinem grauenvollen Tod zur Legende. Goethe war nur einer von vielen, die sich ausgiebig mit dem Mythos beschäftigten. Von 1772 an arbeitete er drei Jahre am *Urfaust*. Sein berühmtestes Stück erschien dann als Teil I 1808 und als Teil II 1832. Gedruckt wurde der *Urfaust* allerdings erst 1887.

Kurven satt

Info

 Übernachten   Übernachten   Übernachten

*** bis **** HOTEL SCHWARZWALDGASTHOF OCHSEN
Dorfplatz 1
79 853 Lenzkirch-Saig
Tel.:   0 76 53 / 90 01 0
Fax: 0 76 53 / 90 01 70
Der *Ochsen* zählt mit zu den ältesten, im Originalstil erhaltenen Schwarzwaldgasthöfen und das Schöne daran ist, dass Biker hier so richtig willkommen sind. Die exzellente Küche bietet sowohl internationale wie auch badische Spezialitäten (Wild- und Fischgerichte). Mit Hallenbad, Sauna, Solarium, und Billard ist der Abend gerettet.

***** HOTEL LUISENHÖHE
Langackern
79 289 Horben
Tel.:   0 76 1 / 29 69 0
Fax: 0 76 1 / 29 04 48
eMail:
info@hotel-luisenhoehe.de
www.hotel-luisenhoehe.de
Ein idealer Ort um kurz vor der traumhaften Biker-Strecke zum *Schauinsland* noch mal so richtig auszuspannen. Herrliche, ruhige Lage mit allem Komfort wie z.B. Hallenbad, Sauna, Solarium etc. Wer nicht mehr aktiv sein möchte, kann entweder auf der Liegewiese oder auf der Gartenterrasse relaxen.

***** PENSION VOGELBACHER
Kutterau 2
79 837 St. Blasien
Tel.:   0 76 72 / 28 25
Fax: 0 76 72 / 90 432
eMail:
info@pension-vogelbacher.de
Fischliebhaber werden hier bestimmt gerne einchecken, da die Pension über eine eigene Forellenzucht verfügt. Im schattigen Biergarten sitzen, auf das Abendessen warten und die Kurven der Schauinsland-Strecke im Geiste noch mal durchfahren. Ein gelungener Tag.

ROMANTIKHOTEL ZUR SONNE
Moltkestraße 1-4
79 410 Badenweiler
Tel.:   0 76 32 / 75 08 - 0
Fax: 0 76 32 / 75 08 - 65
eMail:
Hotel@zur-sonne.de
www.zur-sonne.de
Das Haus bietet mit seiner über einhundertjährigen Tradition und warmen Behaglichkeit alle Voraussetzungen für einen erholsamen Abend nach einem anstrengenden Bikertag. Das Hotel liegt im Zentrum des Ortes, abseits jeglichen Straßenlärms und nur wenige Schritte von der Cassiopeia Therme entfernt.

Kurven satt

Info

 Anschauen   Anschauen   Kulinarisches

STAUFEN
Am Rande des südlichen Schwarzwaldes liegt, eingebettet in herrliche Weinberge, die mittelalterliche *Fauststadt* Staufen mit traumhaftem Blick über das Rheintal und auf die Vogesenkette. Der berühmteste Einwohner war Johann Georg Faust, jener sagenumwobene Alchimist und Magier, der durch Goethe in die Weltliteratur einging. 1539 kam Faust in seinem Zimmer im Gasthaus Löwen auf spektakuläre Weise ums Leben, vermutlich bei einer chemischen Explosion.

DAS MÜNSTERTAL
Der obere Teil des Münstertales ist eines der schönsten Schwarzwaldtäler und hat einiges an Sehenswertem zu bieten: Da gibt es das Bergwerk Teufelsgrund, oder das einzigartige Bienenkundemuseum mit lebenden Bienen und Exponaten aus aller Welt.
Geöffnet Mi, Sa und So 14 bis 17 Uhr

ST. BLASIEN
Die Benediktinerabtei war eine der bedeutendsten deutschen Klöster und verfügt über die drittgrößte Rundkuppel in Europa hinter Rom und Florenz. Der imposante Kuppelbau (Kuppelhöhe: 72 Meter) wurde 1768 bis 1783 vom Architekten Michel Dilxnard geschaffen und gilt als ein Hauptwerk des Frühklassizismus.

RESTAURANT LA VIGNA
Als eine der besten Adressen der gehobenen badisch-italienischen Küche im Markgräflerland setzt das Restaurant La Vigna im Weinort Laufen mediterrane Akzente. Reservierung empfehlenswert.
Restaurant La Vigna
Antonio Esposito
Weinstraße 7
79 295 Sulzburg - Laufen
Tel.:   0 76 34 / 80 14
Fax: 0 76 34 / 6 92 52
Ruhetage: So. und Mo.
Menü: ca. 26 bis 70 Euro
A la carte: ca. 17 bis 26 Euro

KÄSESTUBE IN STAUFEN
Das Restaurant in einem liebevoll renovierten Hinterhof ist eine gemütliche Adresse für Raclette- und Fonduefreunde. Wie wäre es denn zum Beispiel mit einem leckeren Bauern-Knoblauchbrot als Vorspeise oder Pflaumen in Schinkenspeck gewickelt und mit Käse überbacken?
Käsestube
Hauptstraße 56a
79 219 Staufen
Tel.:   0 76 33 / 98 20 37

Kurven satt

Info

 Fun   Fun   Gut zu wissen

MOUNTAIN BIKE FUN PARK TODTNAU
Mal für ein paar Stunden das große Bike gegen ein kleines Bike tauschen. Dieses Gefühl ist selbst für einen hartgesottenen Motorradfahrer unvergesslich: Mit dem Hasenhornlift hinaufschweben in 1065 Meter Höhe. Die Ausrüstung überprüfen und sich dann in die Tiefe stürzen. Ein Ritt in steile Rinnen, über Stufen, mit Schwung durch Felsbrocken und Wurzeln.
MTB-Fun-Park Todtnau
79 670 Todtnau
Tel. :   0 76 61 / 98 35 541
Fax :   0 76 61 / 98 35 55
eMail:
ralph.hermann@t-online.de
www.todtnauer-ferienland.de/de/funwell/funpark.htm
Geöffnet vom 2. April bis 10. Oktober
Lift: Täglich von 9.30 bis 17.30 Uhr.
Preis für 1 Fahrt incl. Ausrüstung: ca. 33 Euro

BERGWELT STEINWASEN
Ob atemberaubende Fahrten im Gletscherblitz, im Spacerunner oder auf den Sommerrodelbahnen - hier steht der Spaß an erster Stelle.
Steinwasenpark
79 254 Oberried
Tel.:   0 76 02 / 944 680
eMail:
info@steinwasen-park.de
www.steinwasen-park.de

CASSIOPEIA THERME BADENWEILER
Ein Erlebnis der besonderen Art erwartet uns in einem der schönsten Thermalbäder Europas. Die Therme liegt mitten im herrlichen Kurpark und bietet Erholung und Entspannung für die müden Knochen. Beeindruckende Architektur zwischen Klassizismus und Moderne.
Badenweiler Thermen und Touristik GmbH
Kaiserstraße 5
79 410 Badenweiler
Tel.:   0 76 32 / 799-0
Eintritt: ca. 8.50 Euro

ADRESSEN
Tourist Information St. Blasien-Menzenschwand
Tel.:   0 76 72 / 41 43 0
Fax: 0 76 72 / 41 43 8
tourist-information@st-blasien.de
www.st-blasien-menzenschwand.de

Tourist-Information Badenweiler
Tel.:   0 76 32 / 799 300
Fax: 0 76 32 / 799 399
www.badenweiler.de

 Werkstatt

Bernd Rebmann
Freiburger Straße 10
79 859 Schluchsee
Tel.:   0 76 56 / 10 27
Fax: 0 76 56 / 10 79

 Plattfuß

Wolf Reifen GmbH
Hauptstraße 2a
79 379 Müllheim
Tel.:   0 76 31 / 31 25

W. Sommerfeld
Mauchener Straße 2
79 379 Müllheim
Tel: 0 76 31 / 22 63

My Fun Tours

Unbedingt merken:

Alternative Strecken:

Übernachten:

Essen & Trinken:

Kurven satt

Wo der Schwarzwald Schwytzerdütsch spricht

Von Badenweiler nach Rothaus

Wo der Schwarzwald Schwytzerdütsch spricht

Nicht nur ein Nachtfahrverbot

Badenweiler ist ein nettes kleines Kurstädtchen am südwestlichen Zipfel des Schwarzwaldes, das in gewisser Weise die kleine Schwester Baden-Badens sein könnte. Genauso vornehm, genauso hübsch und genauso teuer. Aber bei weitem weniger bekannt. Vielleicht hat sich die Kurstadt deshalb noch eher seinen natürlichen Charme bewahrt, als Baden-Baden. Allerdings ist Badenweiler bei allem Charme und trotz seines noblen Cassiopeia-Bades kein motorradfreundliches Städtchen. Dazu sind die Restriktionen hinsichtlich Motorrädern zu ausgeprägt. Hier gibt's nämlich nicht nur ein Nacht-

Ausblick ins Dreiländereck -
Der Blauen bei Badenweiler

Von Badenweiler nach Rothaus

fahrverbot, sondern auch eins über die Mittagszeit. Aber so lange wollten wir eh' nicht bleiben. Das schmale Sträßchen, auf dem wir Badenweiler in südöstlicher Richtung verlassen, schlängelt sich durch dichten und dunklen Wald kurvenreich bergan. Hier und da blickt der nackte Fels aus dem Hang und die Bäume sind stark von Efeu überwachsen. Märchenwald. Und der ändert sich kaum, bis wir mit dem 1165m hohen "Blauen" Badenweilers Hausberg erreicht haben. Von hier hat man einen herrlichen Ausblick auf die Rheinebene und das Dreiländereck, bis hinunter nach Basel.

Die triste Ereignislosigkeit des Samstagnachmittags

Aber schon bald danach sind wir wieder von dichtem Wald um-geben, der sich erst langsam lichtet, als wir das Kandertal erreichen. Und hier beginnt sich auch der Charakter des Schwarzwalds zu verändern. Aus dem dunklen Fichtenwald wird heller Laubwald, die Dörfer werden einfacher und schmuckloser und die mächtigen, ausladenden Schwarzwaldhäuser sucht man hier vergebens. Doch das tut der milden Schönheit der touristisch unverdorbenen Landschaft keinen Abbruch. Das Städtchen Kandern selbst empfängt uns mit der tristen Ereignislosigkeit eines Samstagnachmittags in der Provinz. Doch eine Sache erweckt unsere Aufmerksamkeit: die alte, schön restaurierte Dampflok die am Bahnhof steht. Jeden Sonntagmorgen um Zehn beginnt sie dampfend und schnaufend ihren Dienst als Museums-Eisenbahn. Das erfahren wir von Kurt Nacht, einem der Restauratoren des örtlichen Eisenbahnvereins. Und er führt uns auch mit rußgeschwärztem Gesicht in die Grundlagen des Dampfeisenbahn-Betriebs ein. So interessant der kurze Abstecher in ein ganz anderes Metier auch ist, bald darauf sind wir von der Schiene wieder auf die Straße zurückgekehrt. Denn schließlich liegt ja noch der gesamte südliche Rand des Schwarzwalds vor uns, dessen in Nord-Süd-Richtung verlaufende Täler, wir mäanderförmig durchfahren wollen.

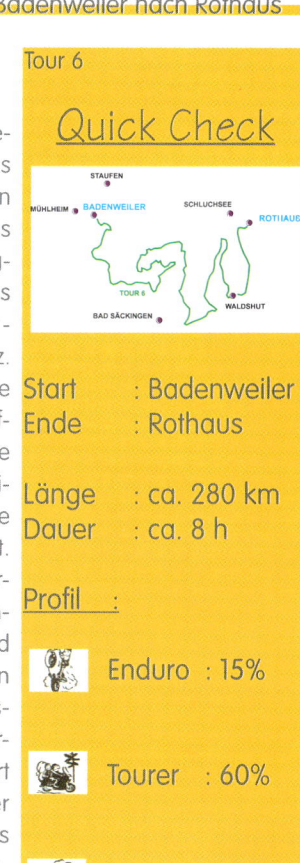

Tour 6

Quick Check

Start : Badenweiler
Ende : Rothaus

Länge : ca. 280 km
Dauer : ca. 8 h

Profil :

Enduro : 15%

Tourer : 60%

Sportler : 25%

Wo der Schwarzwald Schwytzerdütsch spricht

Es riecht nach Heu und Kuhstall

häuser stehen und es riecht nach Landwirtschaft, nach Silo, nach Heu und nach Kuhstall. Hier scheinen die

Charakteränderung - Juraformation im Wehratal

Auf den folgenden Kilometern ist die herbe Schroffheit des Hochschwarzwalds wie weggewischt. An seine Stelle treten liebliche Hügel und lichter, in dieser späten Jahreszeit bereits leicht angegelbter Laubwald. Alles hier scheint vom Tourismus gänzlich unberührt. Es ist eine einsame, abgeschiedene Landschaft in deren Dörfern windschiefe alte Bauern-

Dinge des Lebens noch etwas gemütlicher abzulaufen. Erst weit oben im Wehratal, als uns ein Wegweiser mit der Botschaft überrascht, dass es nach Todtmoos nur noch siebzehn Kilometer sind, wird der Schwarzwald wieder zum Schwarzwald. Die Jura-ähnliche Gegend mit ihren bunten Laubwäldern und den engen, felsigen Tälern weicht nun wieder dem Dunkel

Von Badenweiler nach Rothaus

des, für dieses Mittelgebirge so typischen Fichtenwalds. Irgendwo in einer Kehre des kleinen Sträßchens vom Wiesental nach Todtmoos weht uns der Hauch eines feinen Duftes um die Nase, der unzweifelhaft nur einer guten Küche entstammen kann. Es bedarf keiner langen Diskussion, um den Beschluss zu fassen, hier eine Rast einzulegen. Als wir die heimelige, mit dunklem Holz getäfelte Gaststube des "Forsthofs" betreten, werden wir von einem freundlichen Wirt begrüßt, der uns ohne lange Umschweife erklärt, dass der Wildschweinbraten soeben fertig ist. Da braucht es keine Speisekarte und keine lange Entscheidung. Der gewaltige Körperumfang des Mannes lässt uns erahnen, dass er mindestens genauso gut und gerne isst wie er kocht. Das er sogar ganz hervorragend kocht, wird kurz darauf durch das eben erwähnte Wildschwein bewiesen, das nach Aussage des Wirts Tags zuvor noch fröhlich durch die Wälder schnüffelte.

Per Gesetz vor der Rotlicht-Versuchung geschützt

Nur sehr träge und unter großem Energieaufwand setzen wir eine

Tour 6

Special Info

EN-Tourer
Von Todtmoos-Au nach Atzenbach und von Mambach nach Todtmoos Weg

FUN-Tourer
Von Badenweiler nach Kandern, von Wehr nach Todtmoos-Au und von Waldshut-Tiengen nach Rothaus

SPORT-Tourer
Von Steinen nach Wehr und von Häusern nach Waldshut-Tiengen

Stunde später unsere Fahrt fort. Todtmoos ist einer der Wendepunkte auf unserem Zickzack-Kurs. Von hier geht's wieder nach Süden, geradewegs auf die Schweizer Grenze zu. Was sich auch im zunehmend im Akzent der Menschen ausdrückt. Je weiter wir das Murgtal hinunterkommen, desto mehr spricht man das Schwyzerdütsche Idiom. Was die diesseits der Grenze lebenden Menschen wohl deutlich von sich weisen würden. Doch für uns klingt eins wie's andere. Die Nähe der Schweiz drückt sich auf dem kurzen Stück entlang des Rheins auch durch das Vorhandensein zahlreicher Nachtbars und Rotlicht-

Wo der Schwarzwald Schwytzerdütsch spricht

schuppen aus, die einen Großteil ihres Klientels vom jenseitigen Rheinufer akquirieren. Denn dort schützt der Staat seine Bürger vor derartiger Versuchung per Gesetz. Ähnlich kurvig wie uns das Murgtal an den Rhein hinunter gebracht hat, scheint uns jetzt dieses wildromantische Albtal wieder den Höhen des Schwarzwaldes entgegen zu führen. Wieder herrscht dieser Jura-Charakter mit seinem bunten Laubwald und seinen schroffen, nackten Felsen vor. Immer enger wird die Schlucht, durch dessen Mitte sich das Flüsschen Alb einen gewundenen Weg gebahnt hat. Anstelle von Leitplanken hat man hier rohe Felsblöcke an den Straßenrand gestellt, die auf geraden Stücken wie eine lange Reihe Hinkelsteine aussehen. Kaum vorzustellen wie schlimm ein leichter

Ausrutscher hier enden könnte. Erst weit oben, kurz vor Hausen, einem weiteren Wendepunkt dieser Tour,

Hält Leib und Seele zusammen - Einkehr im Forsthaus

Von Badenweiler nach Rothaus

Gute Aussichten - Vom Südschwarzwald auf den Schweizer Jura

weitet sich das Tal wieder. Und dort treffen wir eine alte Bekannte wieder: die B500, den "Schwarzwald-Highway", wie wir diese Straße kurzerhand getauft haben. Ihr folgen wir ein ganzes Stück auf einer kaum aufregenden Hochebene, die erst kurz vor Waldshut-Tiengen auf Rheinniveau abstürzt. Ein letztes Mal auf dieser Tour ändern wir dort die Fahrtrichtung. Wieder geht's Richtung Norden, hinauf in den Hochschwarzwald. Und ein letztes Mal wieder durch eins dieser wildromantischen Täler. Als wir mit dem Dorf Rothaus den Endpunkt der Tour erreichen, ist es bereits dunkle Nacht. Doch heimelig und einladend scheint das Licht aus der Gaststube der Rothaus-Brauerei. Was für ein Abschluss.

Die alemannische Fasnet

Mit dem sogenannten *Schmutzigen Donnerstag* startet im Schwarzwald die Zeit der *Fasnet*. Die Narren beginnen in den Straßen und auf den Plätzen mit ihrem bunten Treiben, pflanzen Narrenbäume und toben in bunten, phantasievollen Kostümen durch die Städte und Dörfer. So unterschiedlich die überlieferten Bräuche auch sind, mit viel Lärm wird die *Fasnet* überall gefeiert. Sogar am Aschermittwoch geht es bei den *Trauermärschen* noch relativ laut zu. Das wilde Hexen- und Teufelstreiben findet mit dem Narrensprung in Rottweil seinen Höhepunkt. Der Winter, dargestellt durch den *Federahannes* (bekleidet mit einem federgeschmückten Mantel), soll nun durch das *Gschell* (freundliche Maske, ein weißes Narrenkleid mit Schellenriemen) ausgetrieben werden. Wem die Tage zu schnell vorbei gehen, der kann in Basel weiter tanzen und feiern, denn dort beginnt die Fasnacht erst am Montag nach Aschermittwoch.

Wo der Schwarzwald Schwytzerdütsch spricht

Info

 Übernachten   Übernachten   Anschauen

*** HOTEL LÖWEN
Peter Bauer
Schopfheimer Straße 2
79 669 Zell im Wiesental
Tel.:   0 76 25 / 92 54 - 0
Fax: 0 76 25 / 80 86
eMail:
hotel-loewen-
zell@mail.pcom.de
Der Chef fährt selbst Motorrad und ist bei der Tourenplanung gerne behilflich. In seinem urgemütlichen Restaurant fühlen sich die Biker gleich wohl. Nach einem anstrengenden Tag auf dem Motorrad läßt man sich mit den Köstlichkeiten aus Küche und Keller verwöhnen. Trockenraum und abschließbare Garage sind vorhanden.

*** bis **** GASTHOF PENSION FORSTHOF
Familie Beuttler
79 685 Forsthof - Happach
Tel./Fax: 0 76 74 / 335
eMail:
info@gasthof-forsthof.de
www.gasthof-forsthof.de
Inmitten von saftig grünen Wiesen und den bergigen Wäldern des südlichen Schwarzwaldes kurz vor einer engen Linkskurve liegt in 950 Meter Höhe der ÖKO-Forsthof. Man muss schon gut aufpassen, sonst ist man zu schnell vorbeigedüst. Und das wäre nun wirklich schade. Unbedingt in die Tourenplanung mit einbauen, sonst verpasst man womöglich einen exzellenten Wildschweinschmorbraten.

**** SCHWARZWALD-HOTEL-ROTHAUS
Rothaus 2
79 865 Grafenhausen-Rothaus
Tel.:   0 77 48 / 92 09 0
Fax: 0 77 48 / 92 09 199
eMail: info@schwarzwald-hotel-rothaus.de
www.schwarzwaldhotel-rothaus.de
Die Lage ist einfach perfekt: Auf 1000 Meter Höhe mit Blick auf die Alpen und in direkter Nachbarschaft mit der Badischen Staatsbrauerei Rothaus. Die *Tannenzäpfle* können also nicht ausgehen und der Abend ist gerettet. Die Küche verwöhnt mit leckeren regionalen badischen Köstlichkeiten. Und zum Abschluss lädt die Sauna noch ein bisschen zum Relaxen ein.

RHEINBRÜCKE BAD SÄCKINGEN
Anscheinend sind die Jahrhunderte spurlos an der alten hölzernen Rheinbrücke vorübergegangen. Seit 400 Jahren wird hier - geschützt vor jeglichen Witterungseinflüssen - der Rhein überquert. Bis 1979 war sie sogar die einzige Möglichkeit von Bad Säckingen auf das Schweizer Ufer zu gelangen. Die Brücke ist mit ihren 200 Metern Länge die größte gedeckte Holzbrücke Europas.

ERDMANNSHÖHLE IN WEHR
Fantasievolle Namen wie *Märchenreich*, *Rittersaal* oder *Fürstengruft* tragen die Naturwunder in der Erdmannshöhle. Über einen halben Kilometer führen die Wege vorbei an Tropfsteinen, die durch tropfendes Wasser im Laufe von Millionen Jahren entstanden sind.
Führungen: Mai bis September: tägl. 9 bis 12 und 13 bis 17 Uhr

Wo der Schwarzwald Schwytzerdütsch spricht

Info

 Anschauen   Kulinarisches   Kulinarisches

ALTSTADT WALDSHUT

Auf keinen Fall auslassen sollte man trotz herrlicher Motorradstrecken einen gemütlichen Bummel durch die romantische Altstadt von Waldshut. Mitten durch die Fußgängerzone fließt das "Bächle" und rechts und links davon gibt es lauschige Straßencafes, die zum Verweilen bei einer guten Tasse Cafe einladen.

HEIMATMUSEUM HÜSLI IN GRAFENHAUSEN

Das herrliche Schwarzwaldhaus erlangte seine Berühmtheit als Drehort für die TV-Serie *Schwarzwaldklinik*. Hier wohnt Prof. Brinkmann. Das Haus wurde 1912 als Sommersitz der Sängerin Helene Siegfried erbaut und ist seit dem Tod der Besitzerin Heimatmuseum des Landkreises Waldshut.
Öffnungszeiten:
vom 1. April bis 30. Sept.:
Di. bis Sa. 9.30 - 12 und 13.30 bis 17 Uhr
So. 13.30 bis 17.30 Uhr
Mo. u. Feiertags geschlossen
www.badische-heimat.de/rothaus.htm

VILLA UMBACH IN KANDERN

Feinste italienische Küche in den hellen freundlichen Räumen einer wunderschönen Jugendstilvilla läßt jedes Bikerherz höher schlagen. Ein bisschen Abwechslung zur leckeren badischen Küche muß ab und zu sein.
Villa Umbach
Bahnhofstraße 1
79 400 Kandern
Tel.: 0 76 26 / 91 41 30
Fax: 0 76 26 / 91 41 323
Preise für ein Hauptgericht bewegen sich zwischen 17 und 25 Euro

MÜHLE ZU GERSBACH

Ohne sich hier verwöhnen zu lassen, sollte kein Biker die Tour beenden. Zwischen naturnahen Wäldern und offenen Bergwiesen liegt die Mühle und bietet kulinarischen Genuss der Spitzenklasse. Es gibt sogar einen kulinarischen Kalender. Bei der Auswahl fällt die Bestellung wirklich schwer. Und wenn es für die Weiterfahrt zu spät wird, dann gibt es auch 15 urgemütliche Zimmer. Ach ja, was das "Schnaps-Pfili" ist, sollte man am besten selbst herauskriegen.
Landhotel Mühle zu Gersbach
Renate & Martin Buchleither
Zum Bühl 4 w
79 650 Schopfheim
Tel.: 0 76 20 / 90 40 0
Fax: 0 76 20 / 90 40 55
eMail: hotel@muehle.de
www.muehle.de

Wo der Schwarzwald Schwytzerdüütsch spricht

Info

 Fun   Adressen   Gut zu wissen

DIE KANDERTALBAHN

Wer ein bisschen mehr Zeit hat, sollte sich das Vergnügen einer Dampfeisenbahnfahrt mit dem "Chanderli" nicht entgehen lassen. Ca. 40 Minuten braucht die Bahn für eine Reise in die Vergangenheit durch das liebliche Kandertal. Drei Dampfzüge stehen zur Auswahl: Der nostalgische Zug mit den Originalfahrzeugen (T3 und Personenwagen) der Jahrhundertwende, die Schweizer Zugkomposition mit dem *Tigerli* und der *Bremserbar* sowie ein Personenzug aus den fünfziger Jahren, bestehend aus *Donnerbüchsen*.
Information:
Städtisches Verkehrsamt
79 400 Kandern
Tel./Fax: 0 76 26 / 899 60

eMail:
info@kandertalbahn.de
www.kandertalbahn.de

BURGHOF LÖRRACH

Das Kulturzentrum der Region sollte man sich auf keinen Fall entgehen lassen. Der Burghof Lörrach steht für ein faszinierendes Kulturerlebnis. Mit einem abwechslungsreichen Programm von Theater über Kabarett und Musical bis hin zu Kammermusik hat sich das Kulturhaus als fester Bestandteil etabliert.
Infos: Kartenhaus-Touristinformation im Burghof
Herrenstraße 5
79 539 Lörrach
Tel.:   0 76 21 / 940 89 11
Fax: 0 76 21 / 940 89 14
eMail: info@burghof.com
www.burghof.com

ADRESSEN

Verkehrsamt und Touristinfo
Waldeckstraße 39
79 400 Kandern
Tel.:   0 76 26 / 899 - 60
Fax: 0 76 26 / 899 - 11
verkehrsamt@kandern.de
www.kandern.de

Tourist-Info Waldshut
Wallstraße 26
79 761 Waldshut-Tiengen
Tel.:   0 77 51 / 833 - 198
Fax: 0 77 51 / 833 - 126
tourist-info@waldshut-tiengen.de
www.waldshut-tiengen.de

 Werkstatt

Motor-City Kiok
Brombachstr. 75
79 539 Lörrach
Tel.:   0 76 21 / 100 52
Fax: 0 76 21 / 164 283

 Plattfuß

Waser Motorrad Shop GmbH
Industriestr. 4
79 761 Waldshut-Tiengen
Tel.:   0 77 41 / 68 030
Fax: 0 77 41 / 68 035
motorradshop-waser.de

Wo der Schwarzwald Schwyzerdütsch spricht

 Unbedingt merken:

 Alternative Strecken:

 Übernachten:

Essen & Trinken:

Wo der Schwarzwald Schwytzerdütsch spricht

Die „Badische Bierstraße"

Von Rothaus nach Fürstenberg

Von Rothaus nach Fürstenberg

Die „Badische Bierstraße"

Sieht aus wie auf dem Ettikett

Das kleine Dörfchen Rothaus im Hochschwarzwald verstreut sich über ein sanftes, nach Südwesten öffnendes Tal und wäre trotz seiner lauschigen Lage an und für sich nichts besonderen. Als wir uns an diesem Morgen vor dem Verlassen des Dorfes nochmals umdrehen, liegt Rothaus fast genauso idyllisch da, wie auf dem Ettikett eines der Brauerei-Produkte abgebildet.

Einsamkeit pur -
Hochtal bei Eisenbach

deres, wäre da nicht diese wuchtige Gebäudegruppe, die vom oberen Rand das Gesamtbild des Dorfes dominiert. Es ist der Sitz der Badischen Staatsbrauerei, die hier ihr wundervoll frisches kleines "Tannenzäpfle" und das fast noch bessere Hefeweizen-Zäpfle braut, die aufgrund verstärkter Marketing-Anstrengungen so langsam den Ruf von Insider-Bieren verlieren und auch über Badens Landesgrenzen hinaus bekannt werden.

Ganz langsam und unmerklich fällt die Landschaft, dem Lauf des Flüßchens Schlücht folgend, nach Süden hin ab. Aber irgendwo hinter Birkendorf wird aus dem weiten Tal ganz plötzlich eine enge Schlucht, die dem Namen des Baches alle Ehre macht. Zu unserer Rechten steigt steil eine Felswand empor und links, hinter Erlen und Buchen verborgen, fließt der Bach sprudelnd vor sich hin. Die enge Straße ist in dieser späten Jahreszeit

Von Rothaus nach Fürstenberg

von feuchtem Laub bedeckt, was die Fahrerei auf zwei Rädern nicht gerade einfacher macht. Vorsichtig und weitgehend aufrecht fahrend, tasten wir uns um jede Kurve, doch die pittoreske Landschaft versöhnt uns für den entgangenen Fahrspaß. Bei der Witznauer Mühle treffen wir für ein kurzes Stück die Route des Vortages wieder, bevor wir uns in einem weiten Bogen über Lauchringen wieder nach Norden kehren, um dem Steinatal fast bis nach Bonndorf zu folgen. Auch dieses Tal windet sich kurvig, wenngleich auch nicht so spektakulär wie das vorangegangene, durch dichten Laubwald und immer am Bach entlang bergauf. Es ist die reine Freude, an diesem sonnigen Herbstmorgen die Kurven dieser kaum befahrenen Straße zu geniessen.

Nur mit Wanderschuhen passierbar

Bonndorf, das Epizentrum der alemannischen Fasnet umfahren wir in weitem Bogen und auch den Einstieg zur Wutachschlucht bei Boll lassen wir links liegen, denn diese ist nur mit Wanderschuhen passierbar und die haben wir schliesslich nicht dabei. Wieder zurück auf der Hochebene ist von dieser atemberaubenden Schlucht nicht viel mehr zu sehen als ein schmaler, grüner Saum dichter Bewaldung. Kaum vorstellbar, dass sich darin eine solch tief eingeschnittene Schlucht befindet. Stattdessen fahren wir nun durch einsame, von Gott trotz des Sonntages verlassen scheinende Dörfer, die nur aufgrund ihrer ausgeprägten Ausdrucks- und Ereignislosigkeit in meinem Gedächtnis verhaftet bleiben. Erst als wir die Wutachschlucht an ihrem östlichen Einstieg umrundet haben und an ihrer nördlichen Flanke entlang fahren, wird die Landschaft wieder reizvoller. Dieser sonnige Süd-

Tour 7

Quick Check

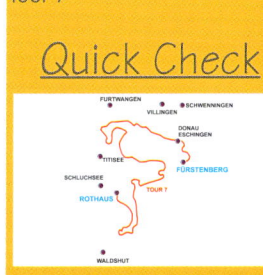

Start	: Rothaus
Ende	: Fürstenberg
Länge	: ca. 200 km
Dauer	: ca. 6 h

Profil :

Enduro : 15%

Tourer : 70%

Sportler : 15%

Kurvenreich - Straße zur Witznauer Mühle

Die „Badische Bierstraße"

hang mutet mit seinem lichten Kiefernwald und den vereinzelt stehenden Buchen fast schon mediterran Wald der Gemeinde Eisenbach haben wir die öde Bundesstraße bereits vergessen. Auf einen Schlag wird alles

Bilderbuch-Bach -
Die Breg bei Zindelstein

heiter an. Es riecht abwechselnd nach trockenen Nadeln, nach feuchtem Laub und nach würzigen Pilzen. Ein romantisches Fleckchen Erde.

Der richtige Platz, um sich vor der Welt zu verstecken

Ernüchternder hingegen ist allerdings das kurze Stück B31, das wir uns zwischen Döggingen und Rötenbach leider antun müssen. Doch das sind nur ein paar Kilometer und bereits im dunklen wieder ganz einsam und wieder denke ich, wenn man sich vor der Welt verstecken wollte, dann wäre hier der richtige Platz dafür. Lustige Namen haben die Dörfer hier. Wiesbach, Schwärzenbach, Bubenbach oder Kleineisenbächle. In letzterem treffen wir auf einen bärtigen Fast-Einödbauer, der uns rasch seine Liebe zu alten Motorrädern offenbart und uns seine halbe, sowie die ganze Lebensgeschichte seines alten BMW R65/6 Gespannes erzählt. Und dass er es bis heute bereut hat, das Gespann

Von Rothaus nach Fürstenberg

seinerzeit verkauft zu haben. Ein sympathischer Mann, der auf seinem Hof auch Ferienwohnungen vermietet. Wäre es nicht noch so früh am Tag, würden wir wohl jetzt die Koffer abnehmen.

Panorama wie im Imax-Kino

Doch das schönste Stück der Tour liegt noch vor uns, denn als wir den Blessinghof rechts liegen gelassen und ein gutes Stück dunklen Waldes durchquert haben, öffnet sich ein weites, schönes Wiesental vor uns. In langezogenen Kurven führt uns die gut ausgebaute Straße bergwärts und wir sind trotz der lieblichen Landschaft ein

Tour 7

Special Info

EN-Tourer
Von Rothaus zur Witznauer Mühle und von Eisenbach-Schollach nach Waldau

FUN-Tourer
Von der Witznauer Mühle nach Bonndorf und von Rötenbach nach Eisenbach

SPORT-Tourer
Von Döggingen nach Rötenbach und von Bregenbach nach Donaueschingen

Kleineisenbach - Benzingespräch zwischen Veteranen

Die „Badische Bierstraße"

wenig gefährdet, den Gashahn allzu weit aufzudrehen. Doch das Ende der Ausbaustrecke regelt diese Gefahr ganz gelassen von selbst. Nochmal geht's durch ein kurzes Stück Wald nichts als herrliches Panorama aus Wald, Wiesen und Weiden vor uns. Irgendwo ganz weit hinten im Westen, hinter verblassenden Reihen bläulicher Bergrücken lässt sich sogar die kahle

Doppelzwiebel - Stadtkirche St. Johann in Donaueschingen

und über eine weitere Bergkuppe. Dann liegt endgültig das Hochtal im warmen Gegenlicht der Spätnachmittagssonne vor uns. Es ist ein bischen wie im Imax-Kino. Am Straßenrand stehend, drehen wir uns von ganz links nach ganz rechts und haben Kuppe des Feldbergs erahnen. Einsame Höfe mit Ziegen, Gänsen und Kühen liegen ebenso an unserem Weg wie kleine schmucke Dörfer, in denen der Tourismus durchaus vorhanden, aber eben nicht unangenehm dominant ist. Waldau ist der

Hauptort des Tales und in seinem Ortskern biegen wir nach einigem Suchen rechts in Richtung Friedhof ab, denn die kleine Kreisstraße durch den Wald hinauf zur B500 ist nicht ausgeschildert. Wir verlassen das liebliche Tal ebenso unauffällig, wie wir es betreten haben. Als wir auf der B500 ankommen, ist die Erinnerung daran fast ebenso schnell verblasst, wie die an einen kurzen, schönen Traum. "Brigach und Breg bringen die Donau zuweg". Dieser Satz aus dem Heimatkundeunterricht meiner Grundschulzeit fällt mir wieder ein, als wir in Hammereisenbach eben jenes Bregtal erreichen, das uns in weiten Kurven geradewegs nach Donaueschingen führt. Die Stadt, die als Ursprung des zweitlängsten Stromes Europas gilt. Aber davon weiss das Wasser in diesem rundgefassten Becken voller Münzen, das man als Donauquelle bezeichnet, jetzt noch nichts. Uns hingegen bleiben nur noch die paar Kilometer nach Fürstenberg, dort wo der gleichnamige Fürst nach eigenem Bekunden "eines der besten Biere der Welt" braut. Mit einem solchen in der Hand, sitzen wir in der Dämmerung am Fuße dieses Hügels und blicken über die Baar weit nach Westen. Dahin, wo der Schwarzwald liegt.

Sagenhafte Orte im Schwarzwald

In den Regionen des Schwarzwaldes wimmelt es nur so von geheimnisumwitterten Plätzen und Sagen. Und fast immer spielt das Wasser dabei eine wesentliche Rolle. Wo klare Quellen und Seen aus den Tiefen der Erde hervordringen, entsteht Leben und Wachstum. Schon für unsere Vorfahren, die Kelten waren die Quellen die idealen Plätze um mit der geistigen, spirituellen Welt in Verbindung treten zu können. Bei den Quellnymphen wurden die Orakel befragt, denn die Wasserwesen waren von Alters her in der Lage, die Zukunft deuten zu können. Nahezu alle Seen sind mit zauberischen Legenden verbunden, die sich über all die Jahrhunderte erhalten haben. Auch die Christianisierung konnte dem nichts anhaben. Viele Rituale und Feste von heute erinnern an längst vergangene Zeiten. Zum Beispiel das Heiligwog holen im Schwarzwald, wo an einigen Brunnen genau um Mitternacht in der Heiligen Nacht Wasser in Krügen geschöpft wird um es als Heiliges Wasser im Krankheitsfall zu trinken. So ist die Kraft der Landelinquelle in Ettenheimmünster bis heute unbestritten.

Die „Badische Bierstraße"

Info

 Übernachten   Übernachten   Übernachten

LANDGASTHOF RÖSSLE
Familie Tröndle
Landstraße 15
79 777 Ühlingen - Berau
Tel.:   0 77 47 / 208
Fax: 0 77 47 / 599
eMail:
Familie.Troendle@Landgasthof-Roessle.de
www.landgasthof-roessle.de
Der Gasthof bietet Schwarzwälder Spezialitäten, Feinschmeckermenüs, Hausschlachtung und selbstgebackenes Bauernbrot, dazu noch die bekannten Markgräfler und Kaiserstühler Weine, also all das, was wir Biker uns nach einem herrlichen Tag auf dem Motorrad wünschen.

*** bis **** GASTHAUS GLASHÜTTE
Horst Amann
79 848 Bonndorf - Glashütte
Tel.:   0 76 53 / 16 63
Fax: 0 76 53 / 92 19
eMail:
Touristinfo@bonndorf.de
www.bonndorf.de/touristinfo
Das urgemütliches Gasthaus liegt auf fast 1000 Meter Höhe auf einem Hochplateau direkt am Waldrand. Es gibt eine Sonnenterrasse, auf der ein Bikertag so richtig gut ausklingen kann. Die Küche ist bekannt für ihre Wildspezialitäten und die ausgezeichneten Kuchen aus eigener Herstellung.

*** bis **** HOTEL WALDBLICK
Am Hinteren Berg 7
78 166 Donaueschingen - Aufen
Tel.:   0 77 1 / 83 252 - 0
Fax: 0 77 1 / 83 252 - 25
eMail: Siehe Homepage
www.citynet-online.com
Kurz vor Donaueschingen, in dem kleinen Ort Aufen, liegt angenehm ruhig und idyllisch das Hotel Waldblick, bekannt für seine Schwarzwälder Gastlichkeit. Nachdem der Staub der Straße abgewaschen ist, gibt es die Möglichkeit im Hallenbad oder in der Sauna noch etwas über den vergangenen Tag auf den herrlichen Pisten zu "schwätze".

HOTEL ZUM SCHÜTZEN
Josefstraße 2
78 166 Donaueschingen
Tel.:   0 77 1 / 89 86 89-0
Fax: 0 77 1 / 1 43 03
eMail:
info@hotel-zum-schuetzen.de
www.hotel-zum-schuetzen.de
Perfekter Service und emp-

fehlenswerte Küche erwarten uns in den denkmalgeschützten Häusern des 1724 erbauten Hotels. Hier kocht der Chef selbst und ein Abend im historischen Weinkeller ist immer ein Genuss. Alternativ könnte man auch in den gemütlichen Pub wechseln. Bei Musik von Jazz, Swing, Blues und Oldies könnte es durchaus ein langer Abend werden.

Info

 Anschauen   Anschauen   Anschauen

WUTACHSCHLUCHT

Die Schlucht wird gerne als der "Grand Canyon des Schwarzwaldes" bezeichnet. Und wirklich, durch nahezu unberührte Natur stapft man über schmale Pfade und Brücken, vorbei an umgestürzten Baum-riesen durch dieses wunderschöne Tal. Und unten bewegt sich das Wasser mal tosend, mal zart fließend abwärts. Der einzige Nachteil an diesem Dschungel: Mit dem Bike kann man da nicht reinfahren, das geht nur auf Schusters Rappen. Trotzdem auf keinen Fall auslassen!

HÜFINGEN

Die kleine Stadt hat eine große Vergangenheit. In der schönen, denkmalgeschützten historischen Altstadt hat man eine römische Kastellbadruine aus dem Jahre 70 n. Chr. entdeckt. Es ist eine der ältesten Kastellbäder nördlich der Alpen.
Öffnungszeiten: Mai bis Oktober: Sonn- und Feiertag 14.00 - 17.00 Uhr

DONAUESCHINGEN

Über die Urheberrechte auf den wahren Quellfluss des zweitlängsten europäischen Flusses streiten sich die Gelehrten und Geologen. Bei Betrachtung der historischen Urkunden jedoch spricht alles für Donaueschingen. In der Schedelschen Weltchronik von 1493 heißt es: *"Die Thonaw, der berümbtist fluß Europe entspringt auß dem Arnobischen berg bey anfang des schwarzwalds in einem Dorff Doneschingen genannt und fleußt vom nydergang gein dem orient..."*

FÜRSTENBERG

Hier dreht sich alles ums Bier. "Die Erfahrungen der letzten Jahrhunderte stecken im heutigen Fürstenberg Premium Pilsener und anderen Bierspezialitäten der Fürstlich Fürstenbergischen Privatbrauerei", so heißt es jedenfalls auf der Homepage der Brauerei. Am besten einfach hinfahren und selbst nachprüfen, was dran ist an der Aussage.
Information und Brauereibesichtigung:
Fürstlich Fürstenbergische Brauerei KG
Postplatz 1 - 4
78 166 Donaueschingen
Tel.:   0 77 1 / 86 20 6
Fax: 0 77 1 / 86 39 8
eMail:
service@mail.fuerstenberg.de
www.fuerstenberg.de

Die „Badische Bierstraße"

Info

 Kulinarisches   Fun   Gut zu wissen

GASTHOF SOMMERAU
Ein traditionelles, typisches Schwarzwaldhaus für das die Architekten 1992 den "Deutschen Holzbaupreis". erhielten. Ach ja, fast vergessen, als Schlemmerlokal ist der Gasthof absolut zu empfehlen.
Gasthof Sommerau
Sommerau 5
79 848 Bonndorf
Tel.: 0 77 03 / 670
Fax: 0 77 03 / 15 41
eMail: gasthaussommerau@t-online.de
Mo, Di geschlossen, Hauptgerichte zwischen 9 und 18 Euro

BRÄUSTÜBLE FÜRSTENBERG
Nur ein Katzensprung entfernt von der Donauquelle in Donaueschingen liegt das rustikale Bräustüble. Mit Blick auf den Schlosspark läßt es sich vorzüglich schlemmen.
Fürstenberg Bräustüble
Postplatz 1-4
78 166 Donaueschingen
Tel.: 0 77 1 / 36 69
Fax: 0 77 1 / 86398
Öffnungszeiten täglich 12 - 14 und 18 - 22 Uhr.
Mittwochs Ruhetag.

LÖFFINGEN
Der Schwarzwaldpark mit Wildpark- und Freizeitbereich hat für Natur-, Tier und Freizeitfreunde etwas zu bieten: Für Biker einen kleinen Auszug aus dem Freizeitbereich: Bob, Kart-Bahn, Sommerrodelbahn, Motorradrennpiste, prähistorische Floßfahrt und vieles mehr.

FÜRSTENBERGTEAM
Ob Fallschirmspringen oder Ballonfahren, das Fürstenbergteam erfüllt beide Wünsche. Nur den Mut und natürlich das Geld muss man selbst mitbringen.
Fürstenberg-
Fallschirmteam
Ansprechpartner:
Herr Peter Lendle
Postfach 3467
78 023 Villingen-Schwenningen
Tel. Fax: 0 77 1 / 64 84 5

Fürstenberg Ballon-Team
Renate & Gerd Bucher
Rommelsteige 27
89134 Blaustein
Tel.: 0 73 04 / 73 40

ADRESSEN

BIKERTREFF AM GASTHAUS SCHATTENMÜHLE
Familie Frei
Schattenmühle 1
79 843 Löffingen
Tel.: 0 76 54 / 17 05
Fax: 0 76 54 / 92 14 54
www.schattenmuehle.de

 Werkstatt

Herbert Hummel
Lenzkircher Straße 14
79 848 Bonndorf
Tel.: 0 77 03 / 93 60 10
Fax: 0 77 03 / 93 60 15

Anton Metzler
(YAMAHA)
Gartenstraße 10
79 848 Bonndorf
Tel.: 0 77 03 / 244

 Plattfuß

Stinnes Reifendienst GmbH
Dürrheimer Straße 31
78 166 Donaueschingen
Tel.: 0 77 1 / 50 03
Fax: 0 77 1 / 15 12 0

Die „Badische Bierstraße"

My Fun Tours

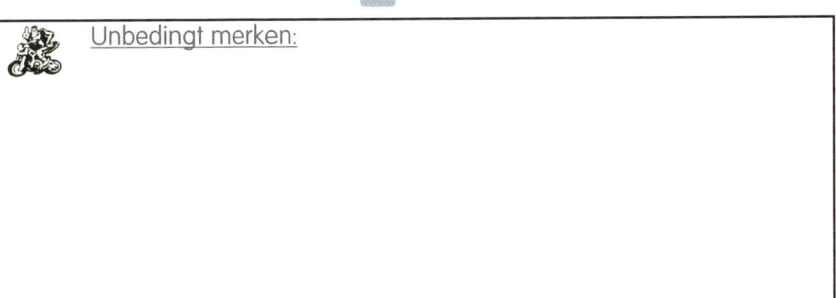

Unbedingt merken:

Alternative Strecken:

Übernachten:

Essen & Trinken:

Die „Badische Bierstraße"

Register

Baden-Baden	14,15,16,25,70
Badenweiler	58,63,69,70,71
Bad Herrenalb	12,16
Basel	71
Bad Wildbad	15
Bad Rippoldsau	27
Birkendorf	82
Blessinghof	85
Boll	83
Bonndorf	83
Bubenbach	85
Bühl	25
Bühlerhöhe	25
Calw	8,15,16,21,22
Dobel	12
Döggingen	85
Donaueschingen	87
Eisenbach	85
Elzach	39
Enzklösterle	17
Erzgrube	24
Feldberg	58,59,86
Forbach	16
Freiburg	45,48,50,60
Freudenstadt	21,25,26,27,34
Fürstenberg	81,87
Furtwangen	45,46
Gernsbach	14,16
Glatt	35
Glatten	35
Glemseck	10,17
Glottertal	47,48
Gutach	38,46
Hammereisenbach	87
Haslach	39
Hausach	38
Hirsau	15,16
Horb	34
Kaltenbronn	4
Kandel	47
Kandern	71
Kirchzarten	49,50,60
Kleineisenbächle	85
Kniebis	27
Lauchringen	83
Lenzkirch	59
Loßburg	35
Marxzell	16
Mühlbach	14
Nagold	12
Neuenbürg	16
Notschrei	59,60
Obermünstertal	62
Oppenau	27
Pforzheim	11,12,17
Prechtal	37
Rötenbach	85
Rote Lache	14
Rotfelden	23
Rothaus	69,75,81,82
Ruhestein	27
Schauinsland	57,58,61,62
Schiltach	35
Schluchsee	45,51,58
Schömberg	17
Schönau	63
Schonach	37
Schramberg	35,36
Schwärzenbach	85
Simonswald	46
Sprollenhaus	15
St. Blasien	63
St. Georgen	36
St. Märgen	49
St. Peter	49
Stuttgart	8,10
Tiefenbronn	16
Titisee-Neustadt	51
Todtmoos	63,73
Todtnau	60
Todtnau-Gschwend	63
Triberg	36,37
Unterstmatt	26
Utzenfeld	63
Waldau	86
Waldshut-Tiengen	75
Weil der Stadt	11
Wiedener Eck	62,63
Wiesbach	85
Wutachschlucht	83,84
Zavelstein	22
Zuflucht	27

Motorradöl ist jetzt rot.

Castrol. Das muß drin sein.

Jede Menge *Fun*

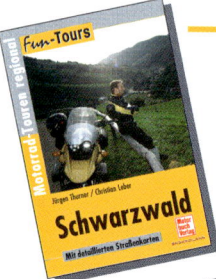

»Fun-Tours«, die Edition unterwegs regional: 96 prall gefüllte Seiten mit den schönsten Strecken, den heißesten Tipps, den besten Adressen – und, vor allem, mit Straßenkarten im Motorradfahrer-Maßstab 1:200 000 in Tankrucksackgröße, die problemlos mitgenommen werden können. »Fun-Tours« ist der erste Motorradreiseführer, der die Anschaffung zusätzlicher Karten überflüssig macht. »Fun-Tours – Spaß muss sein«.

Die erfolgreiche Serie kostet pro Band nur € 12,–

Jürgen Thurner/Christian Leber
Schwarzwald
Motorrad-Touren regional
96 Seiten, 60 Farbbilder, 7 Karten — Bestell-Nr. 02122

Jürgen Thurner/Christian Leber
Thüringer Wald
Motorrad-Touren regional
96 Seiten, 42 Farbbilder, 7 Karten — Bestell-Nr. 02124

Jürgen Thurner/Christian Leber
Elsass
Motorrad-Touren regional
96 Seiten, 60 Farbbilder, 7 Karten — Bestell-Nr. 02123

Christian Leber/Steffen Rothmann
Zwischen Rhön und Fichtelgebirge
Motorrad-Touren regional
96 Seiten, 52 Farbbilder, 7 Karten — Bestell-Nr. 02135

Herbert Hopp
Bayerischer Wald
Motorrad-Touren regional
96 Seiten, 60 Farbbilder, 7 Karten — Bestell-Nr. 02136

Christian Wettstein
Rund um Berlin
Motorrad-Touren regional
96 Seiten, 60 Farbbilder, 7 Karten — Bestell-Nr. 02217

Jürgen Thurner/Christian Leber
Touren in Nordrhein-Westfalen
Motorrad-Touren regional
96 Seiten, 60 Farbbilder, 7 Karten — Bestell-Nr. 02218

Stand Januar 2002
Änderungen in Preis und Lieferfähigkeit vorbehalten

IHR VERLAG FÜR MOTORRAD-BÜCHER
Postfach 10 37 43 · 70032 Stuttgart
Telefon (07 11) 2 10 80 65 · Telefax (07 11) 2 10 80 70